Reise durch das

SAUERLAND

Bilder von
Stefan Ziese & Hans Blossey

Texte von
Dietmar Damwerth

Stürtz

Erste Seite:
Kirchveischede, ein Ortsteil von Lennestadt im Kreis Olpe, wurde bereits 1045 erstmals erwähnt. Rund um die Pfarrkirche St. Servatius gruppieren sich zahlreiche denkmalgeschützte Fachwerkhäuser.

Vorherige Seite:
Winterberg liegt im Nordosten des Rothaargebirges im Hochsauerland, hier ein Blick auf den Ortsteil Züschen. Im Mittelpunkt des Ortes mit circa 1700 Einwohnern steht die Kirche St. Johannes Baptist von 1857. Die Gründung der Pfarrei und der Bau einer ersten Kirche gehen auf die Zeit um 1100 zurück.

Unten:
Das Briloner Rathaus aus der Mitte des 13. Jahrhunderts zählt zu den ältesten Deutschlands. Im Hintergrund der 63 Meter hohe

Turm der Propsteikirche St. Petrus und Andreas. Auf dem Marktplatz der Petrusbrunnen, im Volksmund „Kump" genannt.

Seite 10/11: *Fast wie eine Miniaturlandschaft: Die schneebedeckten Dächer von Winterberg aus der Vogelperspektive. Im Stadtzentrum die katholische St.-Jakobus-Kirche.*

Inhalt

Land der tausend Berge – das Sauerland

Von den Wanderwegen im Sauerland bieten sich immer wieder herrliche Ausblicke über die Täler, Wälder und Weiden, wie hier der Blick auf Schmallenberg im Hochsauerland.

Sauerland, mein Herz schlägt für das Sauerland", so die einprägsame Liedzeile in einem bekannten Schlager aus den 1980er-Jahren, der schnell zum Kultsong geworden ist. „Begrabt mich mal am Lennestrand. Wo die Misthaufen qualmen, da gibt's keine Palmen", heißt es weiter im Refrain des Liedes der Gruppe „Zoff". Dieser Bildband entführt in das sogenannte „Land der tausend Berge", die Region zwischen den Hellwegbörden südlich von Soest und dem Rothaargebirge, zwischen Ruhr und Möhne im Norden bis zum Siegerland im Süden und zeigt, dass es in dem vermeintlich spröden Mittelgebirge längst nicht mehr so öde ist, wie es der Text des oben zitierten Songs in selbstironischer Weise vermitteln möchte, sondern dass es so manche Highlights zu entdecken gibt, seien sie nun landschaftlicher, historischer oder kultureller Art.

Die wald- und seenreiche Region im Süden von Westfalen ist Naherholungs- und Freizeitregion für Millionen von Erholungsuchenden nicht nur aus dem angrenzenden Ballungsraum des Ruhrgebietes oder der Rhein-Main-Region, sondern auch aus den Niederlanden. Talsperren und Tropfsteinhöhlen, Wandern und (nicht nur) Wintersport prägen das Sauerland. Viele Zeugnisse einer frühen Industriekultur und Technikgeschichte geben Einblick in das Leben und Arbeiten in vergangenen Zeiten, in denen Erzbergbau und Eisenverarbeitung dem Sauerland ihren Stempel aufdrückten. Kleine Dörfer mit den typischen schiefergedeckten Fachwerkhäusern, aber auch prosperierende Kleinstädte mit mittelständischen Betrieben und die zahlreichen Erholungs- und Freizeitangebote repräsentieren die Vielfalt des Sauerlandes.

Räumlich sind die Grenzen des Sauerlandes nicht immer eindeutig zu bestimmen. Es umfasst im Wesentlichen den Hochsauerlandkreis, den Märkischen Kreis und den Kreis Olpe sowie südliche Gebiete des Kreises Soest und das sogenannte Upland, das nicht mehr zu Nordrhein-Westfalen, sondern zum hessischen Landkreis Waldeck-Frankenberg gehört.

Historische Entwicklung

In den heutigen Kreisgrenzen und Verwaltungszugehörigkeiten zeigt sich auch die unterschiedliche historische Entwicklung der verschiedenen Teilgebiete des Sauerlandes. Die Landkreise Hochsauerlandkreis und Kreis Olpe decken sich größtenteils mit dem ehemaligen katholisch geprägten kurkölnischen Sauerland als Teil des ehemaligen Herzogtums Westfalen, das seit dem Sturz Heinrichs des Löwen 1180 bis zur Säkularisation 1803 zum Erzbistum Köln gehörte, nachdem 1368 auch die Arnsberger Grafschaft in den Kölner Herrschaftsbereich integriert worden war. Nach der napoleonischen Zeit und einem kurzen Intermezzo unter der Herrschaft des Großherzogtums Hessen-Darmstadt kam es 1816 zu Preußen. Das märkische Sauerland hingegen, heute überwiegend vom Märkischen Kreis abgedeckt, ist von seiner historischen Entwicklung her und der Zugehörigkeit zur ehemaligen Grafschaft Mark eher protestantisch geprägt und war wirtschaftlich über viele Jahre gegenüber dem kurkölnischen Sauerland fortschrittlicher und erfolgreicher. Es gelangte bereits 1609 durch Erbvertrag unter die Herrschaft von Brandenburg-Preußen.

Aber trotz dieser historisch unterschiedlichen Entwicklungen und Zugehörigkeiten hat sich dennoch ein Bewusstsein für die gemeinsame regionale Zugehörigkeit zum „Raum Sauerland“ herausgebildet. Spätestens seit der Zugehörigkeit beider Landesteile zum Königreich Preußen ab 1816 und der Integration in die übergeordnete Provinz Westfalen.

Von seiner Wortbedeutung her bezeichnet „Sauerland“ im ursprünglichen Sinne wohl ein „Süderland“, also einen Landstrich südlich der westfälischen Städte Dortmund, Münster und Soest, den drei westfälischen Hansestädten. Der Terminus „Suderlande“ taucht im 13./14. Jahrhundert erstmals als Herkunftsbezeichnung auf und wandelte sich dann über das niederdeutsche „Suerland“ zum hochdeutschen „Sauerland“. Andere Deutungen hingegen führen den Begriff auf die keltische Bezeichnung „Suirland“ für ein quellwasserreiches Land zurück.

Während der Romantik änderte sich die Sichtweise auf diese Region. Annette von Droste-Hülshoff und Levin Schücking veröffentlichten Reisebeschreibungen und Schilderungen von Land und Leuten, wie auch der „Dichter des Sauerlandes“, Friedrich Wilhelm Grimme. Er wurde 1827 in Assinghausen bei Olsberg geboren und verfasste unter anderem Schriften über das Sauerländer Platt, „Memoiren eines Dorfjungen“ und ein mehrteiliges Werk mit dem Titel „Das Sauerland und seine Bewohner“, in denen er die Schönheiten und Eigenarten seiner Heimat schilderte.

Seit einigen Jahren wird auch gerne der Begriff „südliches Westfalen“ oder „Südwestfalen“ verwendet, der die drei Sauerlandkreise sowie das Siegerland und Wittgensteiner Land und den Kreis Soest mit der alten westfälischen Hansestadt zusammenfasst und eine neue, großräumigere regionale Identität prägen soll. Mit der Regionale 2013, einem Strukturförderprogramm des Landes Nordrhein-Westfalen, erhielt diese Initiative Unterstützung bei den unterschiedlichsten Projekten.
Landschaftlich erstreckt sich das Sauerland von der Soester Börde und Hellwegregion im Norden bis zu den Höhenzügen des Rothaar-, Ebbe- und Lennegebirges. Geografisch zählt es zum Rheinischen Schiefergebirge. Die Landesgrenze zwischen Nordrhein-Westfalen und Hessen verläuft über den Langenberg. Mit 843,2 Metern Höhe ist er der höchste Berg nicht nur des Rothaargebirges, sondern von ganz Nordrhein-Westfalen, ja sogar von ganz Nordwestdeutschland, gefolgt vom Kahlen Asten mit knapp 842 Metern Höhe. Auf dessen Gipfel liegt in 820 Metern Höhe die Lennequelle, die damit auch die höchstgelegene Quelle Nordwestdeutschlands ist. Circa drei Kilometer nordöstlich von Winterberg in Richtung Medebach am 696 Meter hohen Berg Ruhrkopf entspringt die Ruhr, der Fluss, der eine ganze Region prägte und nach 219 Kilometern in Duisburg in den Rhein mündet.

Ungezählte Höhlen

Aber das Sauerland ist nicht nur das „Land der tausend Berge“, sondern ebenso das Land der ungezählten Höhlen. Die zahlreichen Tropfsteinhöhlen sind für jeden, der sie betritt „wie ein unterirdisches Märchenland von unvergleichlicher Schönheit“. Sie entstanden durch die Auswaschung der Kalkschichten im Gestein, ursprünglich also unterirdische Wasserläufe. Durch Sickerwasser bildeten sich die sogenannten Stalaktiten und Stalagmiten, also die über Jahrtausende gewachsenen Kalksteinformationen. Wenn man bedenkt, dass ihr durchschnittliches Wachstum etwa einen Millimeter in zehn Jahren beträgt, kann man sich eine Vorstellung von den Dimensionen der erdgeschichtlichen Entstehung über Äonen machen.
Die Faszination, die von einem Besuch einer Tropfsteinhöhle ausgeht, beschreibt der münsterische Schriftsteller Wilhelm Damwerth, der in den 1950er-Jahren im Möhnetal gelebt hat, wie folgt: „Ein grandioser Wald von Stalagmiten und Stalaktiten. Prachtvolle, prunkvolle Säulenhallen und Dome, große Säle, Girlandengewölbe und Kaskaden. Erstarrte Gletscher und Wasserfälle. Gebilde und Gestalten in verschiedensten Formen und Farben, unvergessliche

Nebelschwaden, die ein Dorf umhüllen, Wälder, so weit das Auge reicht, manchmal wirkt der Naturpark Arnsberger Wald wie eine Fantasy-Landschaft (hier Eversberg, Meschede).

Der Alte Markt der Stadt Arnsberg mit dem Glockenturm der Stadtkapelle St. Georg, ehemals ein Wehr- und Torturm der alten Stadtbefestigung und heute ein Wahrzeichen der Stadt, sowie dem Maximilianbrunnen (Brunnensäule) und dem Haus Zur Krim von 1709.

Erlebnisse in diesem unterirdischen Labyrinth jahrtausendfrischer Schönheit. Perlmutterfarbene Klumpengebilde, gelbrote Gardinen, kristallweiße Zapfen und Säulenkerzen. Ewigkeiten hat es gedauert, bis eine solche Säule aus dem gleichmäßigen, unendlichen Tropfgestein des kohlensauren Kalkes zu einem prächtigen mannshohen Gebilde wurde."
Einige Höhlen sind erschlossen und für Besucher freigegeben. Die Atta-Höhle bei Attendorn zum Beispiel mit der berühmten „Alhambragrotte". Als besondere Attraktion hat sie den „Atta-Käse" zu bieten, der in einer der Hallen dieser Höhle reift und wegen der dort herrschenden konstanten Temperatur und Luftfeuchtigkeit seine besondere Würze erhält. In der Bilsteinhöhle bei Warstein lässt sich ein unterirdischer Höhlenbach bestaunen, der neue Gänge im Gestein auswäscht, und die Dechenhöhle bei Iserlohn, die 1868 entdeckt wurde, fasziniert durch imposante Tropfsteinformationen, die zu besonderen Anlässen stimmungsvoll illuminiert werden. Der Dechenhöhle ist das Deutsche Höhlenmuseum Iserlohn angeschlossen, in dem nicht nur die erdgeschichtliche Entstehung dokumentiert wird, sondern auch zahlreiche Höhlenfunde, wie zum Beispiel das Skelett eines über 200 000 Jahre alten Höhlenbären-Babys oder der Schädel eines Waldnashorns, ausgestellt sind. Auch die Heinrichshöhle in Hemer kann besichtigt werden, sie liegt im Naturschutzgebiet Felsenmeer. In der Reckenhöhle im Hönnetal bei Balve wird als besonderes Wellnessangebot eine sogenannte Heilstollentherapie angeboten. In der Abgeschiedenheit und Ruhe der Höhle kann man die kühle und saubere Höhlenluft genießen, was besonders bei Atemwegsbeschwerden eine therapeutische Wirkung hat. Die Balver Höhle wurde bereits 1690 entdeckt. Sie ist als „Kultur- und Eventhöhle" weit über die Grenzen des Sauerlandes bekannt. Im sogenannten „Felsendom" der Höhle finden regelmäßig Veranstaltungen wie Konzerte, Theateraufführungen und Partys statt. Bis zu 2000 Menschen finden dann in der Höhle Platz. Die Bilsteinhöhle bei Warstein schließlich gilt als „Perle des Arnsberger Waldes". 1850 Meter Höhlengänge wurden bislang erforscht. Der 400 Meter lange Besucherweg führt durch enge Spalten und geräumige unterirdische Hallen. Bei Ausgrabungen in der Höhle wurden Hinweise auf Steinzeitmenschen sowie Metallfunde entdeckt und zahlreiche Knochenfunde einer eiszeitlichen Tierwelt.

Unter Tage

Ebenfalls unter der Erde, beziehungsweise wie es bergmännisch korrekt heißt: „unter Tage", spielt ein weiteres, das Sauerland prägendes Kapitel. Erzbergbau wurde schon in frühester Zeit betrieben. Im Besucherbergwerk von Ramsbeck bei Bestwig, aber auch in Olsberg und Marsberg lässt sich ein authentischer Eindruck gewinnen und das beklemmende Gefühl der Bergleute und ihrer harten Arbeitsbedingungen nachempfinden. Der Philippstollen in Olsberg reicht 650 Meter tief in den Berg hinein und kann ebenso besichtigt werden wie der Kilianstollen bei Marsberg. Hier wurde fast 1300 Jahre lang Kupfer abgebaut, bis 1945 der Bergbau eingestellt wurde.

Für die Weiterverarbeitung des Erzes war Kohle für die Verhüttung und Wasserkraft für die weitere Veredelung unabdingbar. Die notwendige Kohle wurde als Holzkohle aus den weitläufigen Wäldern gewonnen: im Arnsberger Wald bei Hirschberg zum Beispiel. Hier wird heutzutage an einem Schaumeiler die Gewinnung der Holzkohle demonstriert. Aber auch weiter bis hinunter ins Siegerland waren unzählige Köhler damit beschäftigt, in oft wochenlanger Arbeit mit ihren Kohlemeilern die Holzkohle herzustellen, die für die Verhüttung des Erzes benötigt wurde. Und in den vielen Tälern des Sauerlandes an den Bachläufen und kleinen Flüsschen entstanden zahlreiche Werkstätten der Kleineisenindustrie, die sich die Wasserkraft für die notwendigen Hammerwerke, Schmieden oder auch Sägewerke nutzbar machten. Im Übergang vom 19. zum 20. Jahrhundert wurden dann Talsperren und Stauseen für die Versorgung der ansässigen Betriebe und des entstehenden Industriereviers Ruhrgebiet angelegt, in das sich wegen der dort kostengünstigeren Steinkohle dieser Wirtschaftszweig verlagert hatte. Die Wasserversorgung dieses neu entstandenen Ballungsraumes mit vielen Menschen musste durch diese künstlich angelegten Wasserreservoirs sichergestellt werden. Die zahlreichen Talsperren und Stauseen sind heute über ihre wasserspeichernde Funktion hinaus touristische Anziehungspunkte mit vielfältigen Wassersport- und Freizeitmöglichkeiten.

Wandern und Radfahren

Aber auch Wandern und Radfahren hat im Sauerland eine große Tradition. Der Sauerländische Gebirgsverein, bereits 1890 gegründet, hat wesentlich zur Entdeckung des Sauerlandes als Wander- und Erholungsregion und zu dessen touristischer Erschließung beigetragen. Ein zigtausend Kilometer langes Netz von Wanderwegen erstreckt sich heute durch die Wälder und über die Höhenzüge und verbindet die Dör-

Der „Hohle Stein" im Lörmecketal bei Rüthen-Kallenhardt. Zahlreiche steinzeitliche Funde und Relikte aus der Eisenzeit machten die Höhle zu einer bedeutenden archäologischen Stätte.

fer und Kleinstädtchen: So zum Beispiel die „Sauerland-Waldroute" von Iserlohn ausgehend über Arnsberg zum Möhnesee und weiter an Brilon, einem ehemaligen Hauptort des Herzogtums Westfalen, vorbei bis nach Marsberg. Oder der „Sauerland-Höhenflug", der 250 Kilometer über Gipfel, Kämme und Bergwiesen von den Startpunkten Altena oder Meinerzhagen aus bis nach Korbach führt.

Zahlreiche Themenwege bieten über das reine Wandern hinaus Einblicke in Kultur und Geschichte des Sauerlandes unter den verschiedensten Gesichtspunkten. Wie zum Beispiel der Bergbauwanderweg bei Balve auf den Spuren der Erzgewinnung, der Gewerkenweg bei Brilon/Olsberg oder der Grubenlehrpfad am Silberg bei Herscheid und der Warsteiner Weg der Montangeschichte. Sie zeigen, unter welch schwierigen Bedingungen, mit wie wenig technischen Hilfsmitteln, Bergbau in früherer Zeit betrieben wurde. Und von den Gipfeln und zahlreichen Aussichtstürmen aus lässt sich ein grandioser Panoramablick über die umliegenden Berge und Täler, Wälder und kleinen Dörfer genießen.

Auch das Radfahren boomt im Sauerland, ob nun als sportlich ambitionierte Mountainbike-Tour oder entspanntes Freizeitradeln. Im Zeitalter der sogenannten E-Bikes kann man mithilfe des elektrischen Antriebs so manche Steigung ja auch leichter bewältigen. Gut ausgeschilderte Touren mit unterschiedlichen Ansprüchen an Länge und Steigung sind unter anderem der Ruhrtalradweg, der Möhnetalradweg oder die Lenneroute entlang der Flüsse. Es gibt Touren rund um die Talsperren oder auf stillgelegten und zu Radwegen umfunktionierten Bahntrassen wie zum Beispiel der Sauerlandradring, der über 84 Kilometer Finnentrop, Eslohe, Meschede, Schmallenberg und Lennestadt verbindet und als Höhepunkt die Durchquerung des 689 Meter langen „Fledermaustunnels" bietet.

Zentrum des Wintersports

Und natürlich der Wintersport. Gerade die Region um Winterberg im Nordosten des Rothaargebirges hat sich zu einem Zentrum des Wintersports entwickelt. Sessellifte und Skipisten für Abfahrt und Langlauf, Rodelbahnen und sogar eine für internationale Wettbewerbe genutzte Bobbahn tragen dazu bei. In Willingen im Upland steht die weltweit größte Skisprung-Großschanze. Auf der „Mühlenkopfschanze"

werden jährlich Weltcups in dieser Disziplin ausgetragen. Die Nähe zu den Ballungsgebieten des Ruhrgebietes, aber auch zur Rhein-Main-Region und zu den Niederlanden prädestiniert das Sauerland für Tagestouren und Kurzurlaube.

Kulturelle Highlights hat das Sauerland ebenso zu bieten: Berühmt ist Europas größte Freilichtbühne in Elspe, auf der als Höhepunkt jeder Festspielsaison die Karl-May-Festspiele stattfinden. Von 1976 bis 1986 gehörte sogar der „Film-Winnetou“ Pierre Brice zum Ensemble, er wirkte in über tausend Aufführungen mit. Westernatmosphäre lässt sich auch im Fort Fun Abenteuerland erleben, einem Vergnügungspark bei Bestwig, der auf circa 75 Hektar Freizeitspaß für die ganze Familie bietet.

Jedoch: Bei allen Freizeit- und Sportangeboten – das Sauerland ist keineswegs ein einziger Vergnügungspark. Dafür bilden die ausgedehnten Wälder und Naturparks ausreichend Erholungsangebote in der Natur. Riesige Naturparks, die circa zwei Drittel des Sauerlandes ausmachen, mit einer Vielzahl von Rundwanderwegen, gut ausgeschildert und mit Schutzhütten versehen, bieten Naturerlebnisse der besonderen Art. Der Naturpark Arnsberger Wald liegt 45 000 Hektar groß zwischen Möhnesee, Ruhrtal und den Briloner Höhen. Der Naturpark Sauerland-Rothaargebirge ist mit 3826 Quadratkilometern der zweitgrößte Naturpark Deutschlands und wurde 2015 aus dem Homert, südlich der Ruhr gelegen, dem Naturpark Ebbegebirge und dem Naturpark Rothaargebirge gebildet. Der Naturpark Diemelsee im Nordosten des Sauerlandes liegt zur Hälfte im Bundesland Hessen.

Reich an Traditionen

Trotz aller modernen Einflüsse und Entwicklungen haben sich die Menschen im Sauerland ihre Traditionen bewahrt: Nicht nur im Rheinland wird Karneval gefeiert, auch im Sauerland finden regelmäßig Karnevalsumzüge statt, wie zum Beispiel in Menden, Warstein-Belecke oder in Attendorn. In Menden befindet sich sogar das Westfälische Karnevalsmuseum.

Traditionell sind auch die vielen Osterfeuer. In Attendorn hat sich eine ganz besondere Form des Osterbrauchtums herausgebildet: Die „Semmelsegnung“ am Karsamstag und am Ostersonntag die Osterfeuer auf den vier „Osterköppen“ mit Fackelschwenken sowie die Osterprozession.

Das Schützenwesen hat im Sauerland eine lange Tradition und geht ursprünglich auf die mittelalterlichen Schützengilden als Bürgerwehren zurück. Unter dem Dach des Sauerländer Schützenbundes sind knapp 350 örtliche Vereine organisiert. Es gibt kaum einen Ort ohne ein eigenes Schützenfest, ohne eine eigene Schützenhalle. In Balve ist es sogar eine „Schützenhöhle“. Hier wird das alljährliche Fest in der Balver Höhle abgehalten, ein ganz besonderes Ereignis.

Kunst und Literatur

Die Landschaft prägt die Menschen und die Menschen prägen die Landschaft, gestalten sie zu einer Kulturlandschaft und werden von ihrer Umwelt geprägt. Das zeigt sich auch in der Kunst. Einige bekannte Autorinnen und Autoren haben ihre Wurzeln im Sauerland, wie der bereits erwähnte Friedrich Wilhelm Grimme. In Olsberg lebte die Kinderbuchautorin Martha Schlinkert (1913–1979). Ihre über 100 Kinderbücher, unter anderem die „Bummi-Reihe“ über ein junges Mädchen, das in Olsberg aufwächst, erreichten eine Gesamtauflage von über sechs Millionen Exemplaren.

In Schmallenberg trafen sich 1956 zahlreiche westfälische Schriftsteller zu einem Gedankenaustausch über die Literatur in Westfalen, der unter dem Namen „Schmallenberger Dichterstreit“ in die regionale Literaturgeschichte eingegangen ist. Teilnehmer war unter anderem auch der in Hagen-Haspe lebende und später weit über Westfalen hinaus bekannte Lyriker Ernst Meister sowie Maria Kahle, Paul Schallück, Erwin Sylvanus oder Josef Winckler.

Einige Kleinstädte des Sauerlandes waren in den vergangenen Jahren „Austragungsorte“ der Nordrhein-Westfälischen Literaturtage des Verbands deutscher Schriftsteller in NRW und 2005 und 2012 fand im Hochsauerlandkreis die „Criminale“, das Treffen des „Syndikats“, der Organisation der deutschsprachigen Krimiautoren statt. Gerade der boomende Regionalkrimi hat auch im Sauerland Einzug gehalten und erschließt neue Leser- aber auch Besucherkreise. Sogar ein ausgewiesenes Literaturhotel ist im Sauerland zu finden, es befindet sich in Iserlohn und bietet neben einer großen Bibliothek und Lektüre auf den Gästezimmern ein regelmäßiges literarisches Programm mit Autorenlesungen und Schreibworkshops.

Soest war zu Beginn des 20. Jahrhunderts Anziehungspunkt für expressionistische Künstler. August Macke, 1887 zwar in Meschede geboren, doch bereits im Alter von zwei Jahren mit seinen Eltern weggezogen, verbindet lediglich sein Geburtsort mit dem Sauerland. Anders die sogenannten „Westfälischen Expressionisten“ Wilhelm Morgner, Eberhard Viegener und dessen Bruder, der Bildhauer Fritz Viegener, Heinrich Schlief aus Soest oder auch Christian Rohlfs und Otto Modersohn. Sie schöpften ihre Motive und Bildwelten aus der Stadt Soest sowie der umliegenden Region, insbesondere der

Hoch über Attendorn und dem Biggetal thront die Burg Schnellenberg, die zu den größten erhaltenen Burganlagen in Westfalen gehört. Sehenswert sind die Renaissance-Kapelle, der Rittersaal und die Gerichtslaube. Heute wird die Burg als luxuriöses Hotel genutzt.

Landschaft rund um den Möhnesee. Die Nähe zur Wameler Künstlerkolonie am Möhnesee, die der Maler Hermann Kätelhön gegründet hatte, gab weitere Impulse und Inspirationen.

Naturwunder

Denn wer die Ruhe und Einsamkeit im Sauerland sucht, der kann sie finden. In den Wäldern und Naturschutzgebieten und von den „tausend Bergen" bieten sich Weitblicke ebenso wie Einblicke, atemberaubende Fernsichten und Innensichten. Die Natur hat vielfältige Wunder und Schauspiele zu bieten. Beispielsweise das Felsenmeer bei Hemer oder die Bruchhauser Steine auf dem 728 Meter hohen Istenberg im Rothaargebirge.

Keine Geringere als die westfälische Dichterin Annette von Droste-Hülshoff (1797–1848) schreibt in ihren „Bildern aus Westfalen": „Das ‚Felsenmeer' unweit Menden zum Beispiel, – ein Tal, wo Riesen mit wüsten Felswürfeln gespielt zu haben scheinen – und die Bergschlucht unter der Schlossruine und der bekannten Tropfsteinhöhle Klusenstein dürfen ungezweifelt einen ehrenvollen Platz im Gebiete des Wildromantischen ansprechen; sonderlich das letzte und eben diese starr gegeneinander rückenden Felswände, an denen sich der kaum fußbreite Ziegenpfad windet – oben das alte Gemäuer, in der Mitte der schwarze Höllenschlund, unten im Kessel das Getöse und Geschäum der Mühle, zu der man nur vermittelst Planken und Stegen gelangt, und wo es immer dämmert (...)"

Um alle Facetten und Schönheiten des Sauerlandes entdecken zu können, bedarf es schon mehrerer Besuche und Aufenthalte zu verschiedenen Jahreszeiten und mit unterschiedlichen Schwerpunkten. Aber wer dem Reiz des Sauerlandes einmal verfallen ist, der wird irgendwann unweigerlich, ob nun still oder lauthals, mit einstimmen in den Refrain: „Mein Herz schlägt für das Sauerland."

Seite 22/23:
Burg Altena gilt als eine der schönsten Höhenburgen Deutschlands. Hoch über dem Lennetal gelegen diente sie einst dem Schutz des Bergbaus in den umliegenden Tälern. 1912 wurde in ihr die erste Jugendherberge der Welt eingerichtet.

Seite 24/25:
An der Schnittstelle zwischen Soester Börde und Haarstrang sowie den Wäldern und Höhen des Arnsberger Waldes im Norden des Sauerlandes liegt die Gemeinde Ense. Malerisch schlängeln sich Möhne und Ruhr durch die Landschaft.

Hohe Gipfel, weite Aussichten – das Hochsauerland

Blick auf die Schmallenberger Ortschaft Gleidorf. Im Mittelpunkt der Turm der modernen katholischen Herz-Jesu-Kirche. 1072 wurde die Siedlung erstmals urkundlich erwähnt. Sie lag an der sogenannten „Heidenstraße", einem wichtigen Handelsweg, der von Köln über Kassel bis nach Leipzig führte.

Im Rothaargebirge, zwischen den Orten Winterberg und Schmallenberg im südöstlichen Hochsauerlandkreis und dem Upland, im Westen des hessischen Landkreises Windeck-Frankenberg um Willingen herum, zeigt sich das Sauerland von seiner gebirgigen Seite und macht dem Beinamen „Land der tausend Berge" alle Ehre. Hier liegen mit dem 843,2 Meter hohen Langenberg auf der Landesgrenze zwischen Nordrhein-Westfalen und dem Kahlen Asten (841,9 Meter) die höchsten Gipfel des Sauerlandes, ja sogar von ganz Nordwestdeutschland. Die Region hat sich zu einem Zentrum des Wintersports entwickelt. Die Skigebiete von Willingen, Winterberg und Schmallenberg sind touristisch bestens erschlossen und bieten mit ihren Skiliften, Loipen und Abfahrtspisten alle erdenklichen Angebote für den Wintersportler. Die gesamte „Wintersport-Arena-Sauerland", die sich bis in die Region Siegerland-Wittgenstein erstreckt, umfasst 150 Liftanlagen, 300 Hektar Pistenflächen und ein Loipennetz von fast 400 Kilometern und ist das größte schneesichere Wintersportgebiet nördlich der Alpen. Darüber hinaus finden sich hier mit der Willinger Mühlenkopfschanze und der Bobbahn Winterberg zwei weltberühmte Sportstätten, die regelmäßig Austragungsorte von internationalen Wettbewerben sind.

Aber auch im Sommer hat dieser Teil des Sauerlandes seinen eigenen Reiz. Bei Wanderungen rund um das Schmallenberger Gebiet oder auf einem der Wanderwege um Winterberg, zum Beispiel ein Aufstieg auf den Kahlen Asten mit seiner Hochheidelandschaft, sind atemberaubende Fernsichten von den Gipfeln der Lohn. Am Kahlen Asten bei Winterberg befinden sich auch die Quellen der beiden Flüsse Ruhr und Lenne und im Upland die Diemeltalsperre, die sich ebenfalls gut zu Fuß umrunden lässt.

RWE
Krombacher
Krombacher
10

Links:
Der Petrusbrunnen auf dem Briloner Marktplatz, im Volksmund „Kump" genannt, war früher als Endpunkt einer hölzernen Wasserleitung ein zentraler Bestandteil der städtischen Wasserversorgung. Die Brunnenschale stammt von 1726, das Standbild von St. Petrus, dem Schutzpatron der Stadt, ist ein Relikt eines Vorgängerbrunnens aus der ersten Hälfte des 16. Jahrhunderts.

Unten:
Die Propsteikirche St. Petrus und Andreas ist ein Wahrzeichen der Stadt Brilon. Mit dem Bau der spätromanischen Hallenkirche wurde bereits kurz nach der Stadtgründung zwischen 1220 und 1250 begonnen.

Seite 30/31:
Fast die Hälfte des knapp 230 Quadratkilometer großen Stadtgebietes von Brilon im Osten des Sauerlandes ist von Wald bedeckt. Circa 26 000 Einwohner leben in der Stadt, die bereits 973 erstmals urkundlich erwähnt wurde und 1220 Stadtrechte verliehen bekam.

Seite 32/33:
Das Wanderwegenetz rund um Schmallenberg und seine insgesamt 83 zugehörigen Ortschaften bietet immer wieder schöne Aussichten über Wiesen und Wälder, die die sanften Hügel bedecken, so wie hier beim Blick oberhalb von Grafschaft auf die Kernstadt Schmallenberg.

Oben:
Die zu Schmallenberg gehörende Ortschaft Gleidorf liegt etwa einen Kilometer östlich von Schmallenberg unterhalb des Winzenbergs. Der Ortsname leitet sich vom Gleierbach ab, der hier in die Lenne mündet.

Rechts:
Malerisch schlängelt sich die Lenne durch den Schmallenberger Ortsteil Oberkirchen. Romantische Winkel zwischen gepflegten Fachwerkhäusern laden zur Rast auf einer Wanderung oder Radtour ein.

Links:
Oberkirchen, acht Kilometer östlich von Schmallenberg, wurde 1275 erstmals urkundlich erwähnt. Sehenswert ist die St.-Gertrudis-Kirche aus dem 17. Jahrhundert. An die Zeit der Hexenverfolgungen erinnert die Skulptur „Der Hexenplatz“, eines von elf Kunstwerken auf dem 25 Kilometer langen Waldskulpturenweg von Bad Berleburg nach Schmallenberg.

Links:
Das Kloster Grafschaft im gleichnamigen Ortsteil von Schmallenberg wurde bereits 1072 als Benediktinerabtei gegründet und bestand bis zur Säkularisation 1804. Heute ist das Kloster ein Mutterhaus des Ordens der Borromäerinnen, die dort eine Lungenfachklinik betreiben.

Oben:
Zwei Kilometer nordwestlich von Schmallenberg liegt das zugehörige Dorf Wormbach. Die romanische Kirche St. Peter und Paul wurde Mitte des 13. Jahrhunderts errichtet, einige Bauteile reichen bis in das 11. Jahrhundert zurück. Einer Legende nach soll die Gründung der Kirchengemeinde auf den heiligen Bonifatius zurückgehen.

Links:
Fleckenberg, drei Kilometer südwestlich von Schmallenberg gelegen, wurde 1301 erstmals erwähnt. Dort mündet die Latrop, ein kleiner Nebenfluss, in die Lenne.

Unten:
In der Latroper Alten Mühle, einem ehemaligen Hammerwerk von 1737, wurde ein Waldarbeitermuseum eingerichtet. Bis in die 1950er-Jahre waren die umliegenden Wälder die Haupterwerbsquelle der Bevölkerung. Das kleine Museum zeigt im Obergeschoss die Entwicklung Latrops vom Waldarbeiter- und Köhlerdorf zum heutigen Ferienort.

Oben:
Die ehemalige Besteckfabrik in Fleckenberg ist heute ein Museum, in dem der komplette Herstellungsprozess eines Bestecks, ausgehend vom Blech, nachzuvollziehen ist. Die Fabrik diente auch als Kraftwerk: Ein 900 Meter langer Mühlengraben leitete Wasser der Lenne zur Fabrik, womit eine Turbine angetrieben wurde.

Unten:
„Ski und Rodel gut!“, heißt es im Winter zum Beispiel im Schmallenberger Skigebiet im Ortsteil Schanze in gut 720 Metern Höhe auf dem Kamm des Rothaargebirges. Ein Ankerlift und ein weitläufiges Loipennetz bieten gute Voraussetzungen für den Wintersport.

Rechts:
Das Skigebiet Bödefeld, 13 Kilometer nordöstlich von Schmallenberg, liegt auf der Hunau, einem bis über 800 Meter hohen Höhenzug. Hier befindet sich mit 1326 Metern der längste Lift im Sauerland mit 1500 Meter Abfahrt. Die insgesamt vier Lifte haben eine Förderkapazität von über 3000 Personen pro Stunde.

Oben:
Auf dem Kyrill-Pfad bei Schanze (Schmallenberg) kann man sich ein Bild von den verheerenden Ausmaßen des Orkans Kyrill machen, der im Januar 2007 große Waldflächen auch im Hochsauerland verwüstete. Auf einer ungeräumten Sturmholzfläche können Wanderer auf dem einen Kilometer langen Lehrpfad die Folgen des Sturms begutachten. Aussichtspunkte wie ein „Schiffsbug“ auf einem zersplitterten Baum geben einen guten Überblick über das Gelände.

Links:
Willingen, im nordöstlichen Teil des Rothaargebirges gelegen, gehört zum hessischen Landkreis Waldeck-Frankenberg und liegt im sogenannten Upland. Seit 1917 überspannt eine 294 Meter lange Eisenbahnbrücke, der Willinger Viadukt, den Fluss Itter.

Unten:
Von der Aussichtsplattform des 59 Meter hohen Hochheideturmes auf dem Ettelsberg, dem Willinger Hausberg, bietet sich aus 875 Metern Höhe ein Panoramablick über das Rothaargebirge und das ganze Hochsauerland. Das Wasser aus dem Speicherbecken am Turm dient der Beschneiung der umliegenden Skipisten mit Kunstschnee.

Oben:
Das Gemeindegebiet von Willingen deckt sich mit der im Nordhessischen gelegenen Region Upland, die von der historischen Entwicklung her dem Sauerland zugerechnet wird. Hier entspringen die Flüsse Diemel und Itter und auch der Langenberg, mit 843 Metern Höhe der höchste Berg des Sauerlandes, liegt zum Teil auf Willinger Gebiet.

Rechts:
Ob Sommer oder Winter: Die Wanderwege rund um Willingen sind gut ausgeschildert und bieten die unterschiedlichsten Möglichkeiten, die abwechslungsreiche Landschaft zu erkunden.

Unten:
Vom Orenberg bietet sich ein herrlicher Panoramablick über Willingen und die umliegenden Berge des Uplandes. Das Skigebiet bietet 90 Kilometer Langlaufloipen, 15 Skipisten, über 30 Kilometer Winterwanderwege, Rodelhänge und die längsten Pisten im Sauerland.

Oben:
Der Lohn der Mühen des Aufstiegs: Der Blick vom Gipfelkreuz des Orenberges über Willingen. Der Ort wurde 1380 erstmals erwähnt. Bereits um 870 wurde im Ortsteil Usseln die erste Kirche errichtet.

Links:
Bis zu 2800 Personen pro Stunde befördert die Ettelsberg-Seilbahn auf den 838 Meter hohen Willinger Hausberg. Von der Talstation bis zur Bergstation knapp unterhalb des Gipfels überwindet die 1370 Meter lange Seilbahn mit 55 Kabinen insgesamt 237 Meter Höhenunterschied.

Unten:
Im Sauerland gibt es sie noch vielfach: die unberührten Flecken in freier Natur, so wie hier am Diemelsee im gleichnamigen Naturpark in der westfälisch-hessischen Grenzregion. Bei der 16 Kilometer langen Wanderung rund um den Stausee bietet sich eine eindrucksvolle Landschaftskulisse.

Ganz unten:
Die Diemeltalsperre mit dem Wasserkraftwerk und einem Ausgleichsweiher liegt gegenüber dem zu Marsberg gehörenden Dorf Helminghausen im Hochsauerlandkreis. Rechts im Bild der Eisenberg.

Rechts:
Blick über Helminghausen und das Ausgleichsbecken des Kraftwerkes auf die Staumauer der Diemeltalsperre. Mit dem Bau der 194 Meter langen Staumauer wurde bereits 1912 begonnen. 1924 wurde die rund 20 Millionen Kubikmeter fassende Talsperre in Betrieb genommen.

Fabrikskes – Zeugnisse der Industriekultur und Kleineisenherstellung

Schmieden, Hammer-, Walz- und Sägewerke, Papiermühlen, Köhlereien, Eisenhütten, Drahtzieh- oder Blechwalzwerke und Gießereien, Nadel- und Besteckfabriken – eine Vielzahl von sogenannten „Fabrikskes" prägte das Sauerland in früherer Zeit. Erzbergbau, Eisenproduktion und -weiterverarbeitung und eine frühe Spezialisierung innerhalb der Kleineisenindustrie ließen eine einmalige Kulturlandschaft entstehen, die heute voll von Zeugnissen der vorindustriellen Zeit und der beginnenden Industrialisierung im 19. und 20. Jahrhundert ist. Technikgeschichte und Industriekultur lassen sich im Sauerland fast auf Schritt und Tritt erleben.

Eine kaum zu überblickende, vielfältige Museenlandschaft, Heimathäuser, Gedenkstätten, Dokumentations- und Informationszentren sowie Erlebnispfade und Themenrouten geben Einblick in dieses Kapitel, das die Landschaft, aber auch die Menschen des Sauerlandes nachhaltig prägte. Zählt doch die gesamte Region Südwestfalen mit zu den ältesten Montanregionen und war schon früh ein europäisches Zentrum der Metallindustrie, besonders der Eisenproduktion und -weiterverarbeitung.

Eine früh einsetzende Arbeitsteilung, die Verlagerung der Eisenverarbeitung in die Täler der Flüsse und Bäche, dazu der Einsatz der Wasserkraft und die Spezialisierung auf die Kleineisenindustrie waren die Garanten für den wirtschaftlichen Erfolg und – mit dem Wachstum des Ruhrgebietes und der dadurch entstehenden Konkurrenz – das erfolgreiche Konzept wirtschaftlichen Überlebens.

Für die ganze Region übergreifend zeigt das LWL-Freilichtmuseum im Hagener Mäckingerbachtal die Industriegeschichte Südwestfalens. Zahlreiche Werkstätten und regelmäßige Vorführungen lassen hier die historischen Arbeitstechniken anschaulich werden.

Hammer- und Sägewerke in den Tälern wurden mit Wasserkraft betrieben, schon früh setzte der Bau von Stauseen ein, um unabhängig von Hochwasser oder Wasserknappheit zu sein. Der Schleiper Hammer bei Kierspe beispielsweise diente der Breitewarenschmiederei, also der Herstellung von Spaten und Schüppen.

Im Besucherbergwerk von Ramsbeck lassen sich bei einer Grubenfahrt die Arbeitsbedingungen der Bergleute im Stollen unmittelbar nachvollziehen, hier wurden bis 1974 Blei- und Zinkerze abgebaut. Das Besucherbergwerk Kilianstollen in Marsberg dokumentiert den Kupferbergbau, der dort über 700 Jahre betrieben wurde.

Lüdenscheid galt im 19. Jahrhundert als Knopfstadt, Kierspe war viele Jahre geprägt durch die Bakelit-Verarbeitung, eines frühen Kunststoffes. In Altena zeigt das Deutsche Drahtmuseum die Herstellung und Weiterverarbeitung dieses Werkstoffes und lädt zum Experimentieren und Selbermachen ein.

Erlebnismuseum Luisenhütte

Im Erlebnismuseum Luisenhütte in Balve-Wocklum kann ein komplettes Hüttenensemble mit Eisengießerei besichtigt werden und in Iserlohn-Barendorf ist ein historisches Fabrikdorf erhalten, in dem sich ein Nadelmuseum, eine ehemalige Haarnadelfabrik und eine alte Gelbgießerei, ein Messing verarbeitender Betrieb, befinden. Das Kettenschmiedemuseum in der „Kettenstadt Fröndenberg" zeigt die Geschichte der Kettenherstellung und bietet sogar die Möglichkeit, am lodernden Schmiedefeuer selbst eine Kette herzustellen. Einblicke in den Schieferbergbau, die Gewinnung und Verarbeitung des für die Region charakteristischen Baumaterials, lassen sich im Westfälischen Schieferbergbaumuseum in Schmallenberg-Holthausen gewinnen. Der Verein WasserEisenLand e.V. koordiniert die zahlreichen Museums- und Besichtigungsangebote und hat es sich zur Aufgabe gemacht, die Technikgeschichte Südwestfalens zu dokumentieren.

Wenn auch heute die sogenannte Tourismusindustrie ein Hauptfaktor im Sauerland ist, so sind doch eine Vielzahl mittelständischer Unternehmen in der Region angesiedelt, die in ihrem Marktsegment mitunter zu den Weltmarktführern zählen. Und so lässt sich im Sauerland beispielhaft die industrielle Entwicklung einer Region von der Frühzeit bis in die Moderne nachverfolgen.

Links:
Im Inneren der Luisenhütte in Balve-Wocklum kann die älteste und einzige komplett erhaltene Hochofenanlage Deutschlands im wahrsten Sinne des Wortes erlebt werden. Die Anfänge der Eisenhütte reichen bis ins Jahr 1732 zurück.

Oben:
Das restaurierte Hüttenensemble mit Eisengießerei und einer mit Wasserkraft und Holzkohle betriebenen Hochofenanlage der Luisenhütte ist seit 2004 als „Denkmal von nationaler kultureller Bedeutung" eingestuft.

Kleine Bilder rechts, von oben nach unten: In Lennestadt-Meggen informiert das Bergbaumuseum Siciliaschacht über die Bergbautechnik und die Aufbereitung und Weiterverarbeitung des Erzes. Das Bergwerk zählte viele Jahre zu den weltweit bedeutendsten Schwefelkies- und Zinkerzgruben.

Über 60 historische Werkstätten befinden sich auf dem 42 Hektar großen Gelände des LWL-Freilichtmuseums in Hagen im Mäckingerbachtal. Hier wird die Industriegeschichte Südwestfalens der vergangenen zwei Jahrhunderte anschaulich präsentiert.

Kierspe und Iserlohn waren in der ersten Hälfte des 20. Jahrhunderts Zentren der deutschen Bakelit-Herstellung und -Verarbeitung. Im Museum Schleiper Hammer und im Bakelit-Museum in Kierspe sind Originalmaschinen und zahlreiche Produkte aus der Frühzeit des Plastiks ausgestellt.

Im Schleiper Hammer ist das Hammerwerk von 1930 mit seinen Feder- und Fallhämmern noch original erhalten. In der sogenannten Breitewarenschmiede wurden einst Spaten, Schüppen, Hacken und Kellen hergestellt. Bei regelmäßigen Vorführungen kann man den Herstellungsprozess verfolgen.

Unten:
Der Bau der katholischen St.-Jakobus-Kirche in Winterberg stammt aus der Zeit nach dem letzten großen Stadtbrand von 1791, nur die beiden unteren Turmgeschosse sind noch mittelalterlichen Ursprungs.

Links:
Die Entstehungsgeschichte der Kleinstadt Winterberg im Nordosten des Rothaargebirges reicht bis in das Jahr 1240 zurück. Die Stadt lag am Schnittpunkt zweier wichtiger Handelsverbindungen, der sogenannten Heidenstraße von Köln bis Kassel und der Heerstraße von Frankfurt nach Soest.

Oben:
In Anlehnung an seine Architektur in Form eines Eies (lateinisch „ovum“ + „Universum“) Oversum genannt, bietet das Hotel inmitten des Winterberger Kurparks ein exklusives Ambiente und zahlreiche Wellness- und SPA-Verwöhnangebote.

Oben:
Die 435 Meter lange Panorama-Erlebnis-Brücke befindet sich auf dem Gelände des „Erlebnisberges Kappe“ in Winterberg. Sechs Aussichtsplattformen, Hängebrückenelemente und eine Röhrenrutsche gehören zur Ausstattung.

Rechts:
Von der Panorama-Erlebnis-Brücke bietet sich ein weiter Blick in das Rothaargebirge, aber auch auf die Winterberger Bobbahn, die von der Brücke überquert wird.

Oben:
Auf dem Gipfel des Kahlen Asten befindet sich in 841 Meter Höhe ein Hotel, der Berggasthof mit dem Turmrestaurant und der Astenturm, in dem sich eine permanent besetzte Wetterwarte des Deutschen Wetterdienstes befindet. Von der Aussichtsplattform des Turmes in 862 Meter Höhe bietet sich ein Rundumblick über das Rothaargebirge.

Links:
Etwa drei Kilometer nordöstlich von Winterberg liegt am Nordosthang des Ruhrkopfes in einem sumpfigen Waldgebiet in 674 Meter Höhe die Ruhrquelle. Das Steinrondell erinnert an ihre Entdeckung im Jahr 1849. Der Quelle entspringen im Durchschnitt etwa 2500 Liter Wasser pro Stunde.

Unten:
Man spürt förmlich die gesunde Winterluft auf dem Gipfel des Kahlen Asten. Und wenn die Sonne den Nebel vollends durchdrungen hat, präsentiert sich dem Wanderer auch wieder ein fantastischer Fernblick.

Rechts:
Das „Skiliftkarussell Winterberg" bietet insgesamt 27 Lifte und 34 Abfahrten von sieben Bergen mit einer Gesamtlänge von 27 Kilometern. Auf der 1,6 Kilometer langen Bobbahn werden regelmäßig Weltmeisterschaften und Weltcup-Rennen im Bob, Skeleton und Rennrodeln ausgetragen.

Oben:
Die Wanderwege am Gipfel des Kahlen Asten sind gut ausgeschildert und ermöglichen auch im Winter faszinierende Spaziergänge durch die verschneite Natur, selbst wenn sich dann die Hochheidelandschaft unter einer dicken Schneedecke versteckt.

Der Dampfer „MS Hennesee" verbindet auf der Hennetalsperre im Naturpark Homert bei Meschede im Sommer die beiden Strandbäder der Talsperre. Die Fahrt von der Anlegestelle im Norden des Sees am Hennedamm gegenüber der Berghauser Badebucht bis zur Badestelle Mielinghausen entlang der bewaldeten Uferlandschaft dauert eine gute halbe Stunde.

Nähert man sich dem Sauerland von Norden, so bilden der Haarstrang und die Hellwegregion den Übergang zum „Land der tausend Berge". Die alte Hansestadt Soest, teilweise auch als „heimliche Hauptstadt Westfalens" bezeichnet, ist sozusagen das nördliche Tor zum Sauerland. Der südliche Teil des Kreises Soest, etwa südlich der Autobahn 44 von Dortmund in Richtung Kassel oder naturräumlich betrachtet das Gebiet südlich der Möhne, zählt bereits zum Sauerland, wobei die Grenzen der Zugehörigkeit teilweise fließend sind. Die Möhne, deren Quelle am Rand des Briloner Kurparkes im Hochsauerland liegt und dann in ihrem Verlauf an Rüthen vorbei das Warsteiner Gebiet erreicht und hier die Ortsteile Belecke, Mülheim, Sichtigvor, Allagen und Niederbergheim durchfließt, bevor sie den Möhnesee erreicht, kann als nördliche Grenze des Sauerlandes angenommen werden.

Völlinghausen, Wamel, Stockum, Körbecke und Delecke, die Ortschaften, die 1969 zur Gemeinde Möhnesee zusammengefasst worden sind, liegen am Ufer des Möhnesees, dessen Staudamm 1913 eingeweiht wurde. Mit 10,37 Quadratkilometern ist er der flächenmäßig größte Stausee des Sauerlandes und wird deshalb oft auch als „Westfälisches Meer" tituliert. Zahlreiche Wassersport- und Freizeitmöglichkeiten machen ihn zu einem beliebten Erholungsgebiet. Unterhalb der Staumauer bei Günne tangiert die Möhne in ihrem weiteren Verlauf das Gemeindegebiet von Ense und mündet dann im Arnsberger Stadtteil Neheim-Hüsten nach 65 Kilometern in die Ruhr.

Südlich des Möhnesees befindet sich der Naturpark Arnsberger Wald, der zu den größten zusammenhängenden Waldgebieten Deutschlands zählt, mit Bergen und Erhebungen bis 580 Meter Höhe, ein ideales Wandergebiet. Sehenswert sind neben der Innenstadt von Soest auch Meschede sowie die Altstadt von Arnsberg, die malerisch auf einer Erhebung innerhalb zweier Ruhrschleifen liegt.

HERZLICH WILLKOMMEN
AN BORD
HENNESEE

Zur Krim

Seite 58/59:
Der Glockenturm der Stadtkapelle St. Georg, ehemals ein Wehr- und Torturm, ist heute ein Wahrzeichen der Stadt Arnsberg. Um den Alten Markt mit dem historischen Maximilianbrunnen von 1779 gruppieren sich alte Fachwerkhäuser sowie das Alte Rathaus und das Haus Zur Krim.

Kloster Oelinghausen, im Arnsberger Ortsteil Holzen gelegen, wurde 1174 als Prämonstratenserkloster gegründet. Heute wird es von Schwestern der Heiligen Maria Magdalena Postel bewohnt. Das abgebildete historische Taubenhaus aus dem 19. Jahrhundert gehört zum Gutshof, der dem Kloster früher als Wirtschaftshof angeschlossen war.

In der romanischen Krypta der Klosterkirche St. Peter in Oelinghausen befindet sich eine Madonna von Anfang des 13. Jahrhunderts. Sie wird als „kölsche Madonna" oder auch „Königin des Sauerlandes" verehrt.

Oben:
Der ehemalige Landsberger Hof in der Innenstadt von Arnsberg ist Sitz des Sauerland-Museums. Nach einer umfangreichen Restaurierung und Erweiterung wird es in naher Zukunft wieder die Geschichte des kurkölnischen Sauerlandes präsentieren.

Links:
Kloster Wedinghausen wurde bereits 1170 gegründet. Die Klosterkirche St. Laurentius diente den Kölner Erzbischöfen bei ihren Aufenthalten in der Residenzstadt Arnsberg teilweise als Kathedralkirche.

Oben:
Arnsberg wurde bereits 798 erstmals urkundlich erwähnt. Keimzelle der Stadt ist das Schloss auf dem 256 Meter hohen Bergrücken in der Ruhrschleife. Es war Herrschaftszentrum des Herzogtums Westfalen, hier residierten die Kölner Kurfürsten bei ihren Besuchen in der Stadt. Seit der Zerstörung der Burg im Siebenjährigen Krieg 1762 ist sie eine Ruine.

Links:
Das Jagdschloss Herdringen im gleichnamigen Arnsberger Stadtteil wurde in seiner heutigen Architektur nach Plänen des Kölner Dombaumeisters Friedrich Zwirner zwischen 1844 und 1853 errichtet. Ein Höhepunkt der fast 700-jährigen Schlossgeschichte war der Besuch des preußischen Königs Friedrich Wilhelm IV. im Jahr 1853.

Unten:
Die Ruhr fließt mitten durch die Stadt Arnsberg. Links im Bild der Glockenturm der Stadtkapelle St. Georg.

Rechts:
Die Altstadt von Arnsberg, der historische Stadtkern mit verwinkelten Gassen, Fachwerkhäusern, Adelshöfen und der Schlossruine auf dem Felssockel des Schlossberges, hat ihren besonderen Reiz durch die exponierte Lage in einer Ruhr-Doppelschleife. Das gesamte Stadtgebiet mit seinen 15 Ortschaften hat eine Fläche von 194 Quadratkilometern. In Arnsberg münden die Möhne und die Röhr in die Ruhr.

Oben:
Im Stadtgebiet von Arnsberg ist die Ruhr über weite Strecken renaturiert worden. Neben einer ökologischen Aufwertung des Flusses und einem verbesserten Hochwasserschutz bietet sich dadurch auch ein attraktiver Naturerlebnisraum in der Stadt.

Oben:
Typisch für das Sauerland: Kleine Ortschaften in hügeliger Landschaft – hier Niedersorpe, ein Ortsteil von Schmallenberg, drei Kilometer östlich von Gleidorf.

Rechts:
Südwestlich von Arnsberg, im Norden des Naturparks Homert, liegt der zum Stadtgebiet von Sundern gehörende Sorpesee. Er erstreckt sich zwischen den Ortsteilen Langscheid und Amecke und ist mit gut 70 Metern der tiefste Stausee im Ruhrverband.

Links:
Zahlreiche Wassersportmöglichkeiten wie Segeln, Surfen, Rudern, aber auch Tauchen und natürlich das Schwimmen im Strandbad sowie Tretbootverleih, Angeln und eine Personenschifffahrt über den See machen die Sorpetalsperre zu einem beliebten Ausflugsziel inmitten einer waldreichen Landschaft.

Links:
Von der obersten Plattform des Lörmecke-Turmes am Rande der Sauerländer Waldroute, des Wanderweges durch den Arnsberger Wald von Marsberg bis Iserlohn, bietet sich ein Panoramablick über den Naturpark Arnsberger Wald bis weit ins Hochsauerland hinein. Der Turm liegt auf der Plackweghöhe zwischen Warstein und Meschede.

Oben:
204 Stufen führen hinauf bis zur Aussichtsplattform des 35 Meter hohen Lörmecke-Turmes, der seit 2008 ein Wahrzeichen des Sauerland-Waldweges ist.

Die Turmkonstruktion besteht aus 144 Douglasienstämmen, zwischen denen eine Stahlwendeltreppe bis zur Aussichtsplattform in 615 Metern Höhe führt.

Links:
Jedes Jahr im Frühjahr tauchen die „Waldlichter" den „Wildwald Voßwinkel" zwischen Menden und Arnsberg-Neheim in ein buntes, märchenhaftes Licht. Eichen erstrahlen in sattem Violett, über den Teichen schwebt ein zartblauer Schimmer und mächtige Buchen leuchten in warmen Gelbtönen.

Unten:
Der Wanderweg durch den Lüerwald bietet nicht nur zu den „Waldlichtern" eindrucksvolle Erlebnisse. Die Hirschbrunft im Herbst, Sommerwaldrallyes und Waldübernachtungen oder eine Messe in der Eichenkirche unter freiem Himmel – die Möglichkeiten, den Wald zu erleben, sind vielfältig.

Oben:
In Licht getauchte Baumstämme und angestrahlte Wipfel tragen zu einer gespenstischen Stimmung während der Inszenierung „Waldlichter" bei.

Oben:
Von den Wanderwegen rund um Meschede bieten sich stets neue interessante Blicke auf die alte Hansestadt, die seit 1975 Verwaltungssitz des Hochsauerlandkreises ist.

Rechts:
Die heute zu Meschede gehörende „Bergstadt“ Eversberg erhielt bereits 1242 Stadtrechte. Die dem Evangelisten Johannes geweihte Pfarrkirche bekam 1712 ihren dreiteiligen Turmhelm.

Oben:
Die katholische Kirche Maria Himmelfahrt in Meschede im Stil einer frühchristlichen Basilika stammt aus dem Anfang der 1950er-Jahre und ersetzte eine Notkirchenbaracke aus den 1940er-Jahren. Die Pfarrei war gegründet worden, um die neuen Wohngebiete im Norden der Stadt seelsorgerisch betreuen zu können.

Links:
Vier mächtige achteckige Pfeiler stützen das romanische Kirchengewölbe der St.-Johannes-Evangelist-Kirche in Eversberg. Bei Renovierungsarbeiten wurden Wandmalereien aus dem 13./14. Jahrhundert freigelegt, die heute wieder über dem Hochaltar zu sehen sind.

Rechts:
Macht ihrem Namen alle Ehre: Die „Bergstadt" Eversberg ragt aus dem Nebel in den umliegenden Tälern heraus. Aus der Vogelperspektive zeigt sich die waldreiche Berglandschaft des Hochsauerlandes.

Oben:
Von der ehemaligen Burg Eversberg ist nur noch die Ruine des Bergfrieds, heute eine Aussichtsplattform, erhalten. Die ehemalige Höhenburg über dem Ruhrtal wurde 1093 bis 1124 von den Grafen von Arnsberg zum Schutz ihres Territoriums gegen Kurköln errichtet. Seit dem 16. Jahrhundert verfiel die Burganlage.

Nicht nur Warsteiner – sauerländische Brautradition

Warsteiner, Veltins, Westheimer, Medardus, bis 2014 auch das Iserlohner – Biertrinkern schlägt das Herz höher, wenn sie diese Namen hören, und die Liste der im Sauerland gebrauten Biere ist noch um ein Wesentliches länger. Warsteiner und Veltins zählen zu den beliebtesten und erfolgreichsten deutschen Bieren und ihre Braustätten liegen nur wenige Kilometer auseinander.

Seit 1753 braut die Familie Cramer in Warstein nunmehr in der neunten Generation das weltbekannte Warsteiner. Ausgehend von Antonius Cramer, einem Landwirt und nebenberuflichen Bierbrauer wuchs die Brauerei kontinuierlich: 1803 wurde das Stammhaus der Brauerei, die Warsteiner Domschänke erbaut. Seit 1928 wird das Quellwasser der Kaiserquelle zum Bierbrauen genutzt. Mit einer Wasserhärte von ein bis zwei Grad ist es außergewöhnlich weich und eignet sich daher sehr gut zum Brauen, es macht das Bier nach Pilsener Brauart besonders bekömmlich. Das Warsteiner Pilsener ist heute weltweit bekannt, die Brauerei in mehr als 60 Ländern der Welt vertreten. Aus einem sauerländischen Familienunternehmen ist eine erfolgreiche Großbrauerei geworden. Zur Warsteiner Gruppe zählen inzwischen auch weitere Brauereien und Biermarken, wie zum Beispiel die Herforder Brauerei oder die Düsseldorfer Privatbrauerei Frankenheim.

Nur wenige Kilometer entfernt begann 1824 in Grevenstein eine kleine Landbrauerei damit, Bier nach dem deutschen Reinheitsgebot zu brauen. Die Brauerei C. & A. Veltins ist ebenfalls ein Familienunternehmen, das heute in der fünften Generation geführt wird. Auch das Wasser, das den Quellen im Landschaftsschutzgebiet rund um Grevenstein entspringt, ist außergewöhnlich weich, ein wesentlicher Grund dafür, dass von der Brauerei seit 1926 ebenfalls ausschließlich Bier nach Pilsener Brauart hergestellt wird.

In zahlreichen weiteren kleineren Braustätten und Hausbrauereien wird die Tradition des Bierbrauens liebevoll gepflegt: Auf Gut Westheim bei Marsberg wird seit 1862 das Westheimer gebraut, in Lüdenscheid kann man im Brauhaus Schillerbad, einem ehemaligen Schwimmbad, seit 1994 das Medardusbräu und weitere Sorten genießen, im Schloss Bruchhausen bei Olsberg wird eine kleine Hofbrauerei betrieben und in Olsberg ist die Josefs-Brauerei zuhause, Europas erste behindertengerechte Firma zur Getränkeherstellung. In Warstein-Suttrop schenkt eine Gasthausbrauerei ihr eigenes Bier aus und auch das Willinger Brauhaus im Upland bietet eine Palette verschiedener Biersorten an. Am Rande des Sauerlandes wird in Soest vom Brauhaus Zwiebel und in Lippstadt seit 2000 von der Brauerei Thombansen die Tradition des Bierbrauens gepflegt. Das beliebte Krombacher Pils stammt jedoch aus dem etwas weiter südlich an das Sauerland angrenzenden Siegerland.

Sauerländische Kulinaria

Nun lebt der Mensch bekanntlich nicht vom Bier allein, auch wenn es früher durchaus als eine Art Hauptnahrungsmittel gesehen wurde. Es passt aber sehr gut zur deftigen westfälischen Küche, die im Sauerland über die bekannten Spezialitäten wie Schinken und Pumpernickel hinaus noch eine regionalere Ausprägung erfahren hat. So lassen sich dem Speiseplan einige Spezialitäten als bierbegleitende Speisen hinzufügen: Zum Beispiel die Sauerländer Potthucke. Hierbei handelt es sich um eine Art salzigen Kuchen aus Kartoffelteig mit Wursteinlage, der in Scheiben geschnitten und dann aufgebraten wird. Auch Dicke Bohnen (oder Saubohnen) mit Speck und Bohnenkraut und das sogenannte Suermus mit Snutkens und Öhrkens, also Sauerkraut mit Schweineschnauze und Schweineohren sind typische Speisen der sauerländischen Küche.

Und Pumpernickel und westfälischer Schinken dürfen natürlich nicht fehlen. Den unverwechselbaren, leicht süßlichen Geschmack und die dunkle Färbung erhält das Schwarzbrot, das ausschließlich aus Roggenschrot hergestellt wird, durch seine spezielle Zubereitung: Die Backzeit beträgt mindestens 16 Stunden. Dadurch ist das Brot über Monate haltbar. Eine Besonderheit im Sauerland: zum dunklen Brot werden oft auch gerne frisch gebratene Kartoffelpuffer gereicht.

Links:
Wohl bekomm's! Qualitätskontrolle bei der Warsteiner Brauerei in den 1950er-Jahren.

Oben:
Die alte Ansichtskarte zeigt die Warsteiner Brauerei um 1900. Mit der Anbindung an das Eisenbahnnetz 1884 und der Inbetriebnahme einer ersten Dampfmaschine 1895 expandierte die Brauerei und entwickelte sich zu einem modernen Unternehmen.

Kleine Bilder im Uhrzeigersinn:
1883 wurde am Ortsrand von Grevenstein ein Neubau für die Brauerei Veltins errichtet. Sie war mit einer Dampf- und Eismaschine ausgestattet.

1919 schafft die Brauerei Veltins den ersten Kraftwagen zum Vertrieb der Bierfässer an, die zuvor noch mittels Pferdefuhrwerken in die Umgegend ausgeliefert wurden.

Mit der Entdeckung und Erschließung der Kaiserquelle 1928 konzentrierte sich die Warsteiner Brauerei auf die Produktion von Bier nach Pilsener Brauart. Mit einer für damalige Verhältnisse modernen LKW-Flotte wurde das Bier auch überregional vertrieben.

1951 investierte die Brauerei Veltins in die erste handbetriebene Flaschenbefüllungsanlage und eine Kunsteismaschine. Auch das Befüllen der Bierkästen war noch lange Zeit Handarbeit.

Seite 78/79:
Blick auf den Hennedamm und die Stadt Meschede im Norden des Hennesees. Am Ostufer des Sees lädt ein Wanderweg zur Entdeckung der Natur ein. Auf der 7,5 Kilometer langen Strecke vom Damm bis nach Mielinghausen gibt es auch einen sogenannten Sinnepfad mit Baumtelefon, Horchstation und Hochsitz.

Enge Gassen und versteckte Winkel sowie zahlreiche historische Gebäude und Kirchen schmücken die Innenstadt von Soest. Über 600 Gebäude stehen unter Denkmalschutz.

Das Ochsenblutrot des alten Soester Rathauses von 1713 steht in einem schönen Kontrast zum Grünsandstein der umliegenden Gebäude und dem Westwerk des St.-Patrokli-Domes, dessen Bau bereits im Jahre 945 begonnen wurde.

Rechte Seite:
Soest, die alte Hansestadt am historischen Hellweg, wird oft mit dem Beinamen „die heimliche Hauptstadt Westfalens" bezeichnet oder „Tor zum Sauerland" genannt. Das Zentrum der Innenstadt wird geprägt vom St.-Patrokli-Dom, dessen 82 Meter hoher Turm auch als „Turm Westfalens" gilt, und der St.-Petri-Kirche, der ältesten Kirchengründung Westfalens.

Oben:
Die Soester Allerheiligenkirmes ist mittlerweile die größte Altstadtkirmes Europas. Circa eine Million Besucher tummeln sich dann jedes Jahr in der Innenstadt und feiern vor der Kulisse historischer Fachwerkhäuser.

Rechts:
Schriftlich bezeugt ist die Allerheiligenkirmes ab 1338, ihr Ursprung könnte auf die Kirchenweihe Soester Gotteshäuser im 12. Jahrhundert zurückgehen. Das Fest beginnt jährlich am ersten Mittwoch nach Allerheiligen und dauert fünf Tage.

Oben:
Ob Kirchweihfest, Kirmes, Schützen- oder Stadtfeste, oder auch Weihnachtsmärkte wie hier in Soest, die Feste und Feierlichkeiten im gesamten Sauerland erstrecken sich über das ganze Jahr und an fast jedem Ort gibt es Möglichkeiten, sie mitzuerleben.

Links:
Während des jährlichen Weihnachtsmarktes zieht ein Duft von Bratäpfeln und Glühwein durch die Straßen und Plätze der Soester Innenstadt. Zahlreiche Verkaufsstände und die besondere Atmosphäre der Altstadt machen ihn zu einem einzigartigen Erlebnis.

KARL-ERNST-OSTHAUS
MUSEUM

Linke Seite:
Das Osthaus Museum Hagen trägt den Namen des Kunstsammlers und -förderers Karl Ernst Osthaus, der 1902 das Museum Folkwang in Hagen gründete. Es war weltweit das erste Museum für zeitgenössische, avantgardistische Kunst. Osthaus stellte die Maler der „Brücke“ aus und regte Künstler wie Emil Nolde und Christian Rohlfs an, zum Malen nach Soest und ins Sauerland zu kommen.

Links:
Um die Drüggelter Kapelle, die auf einer Anhöhe über dem Möhnesee zwischen den Orten Delecke und Körbecke liegt, ranken sich zahlreiche Mythen. Einige Theorien vermuten den Ursprung des romanischen Bauwerks aus dem 13. Jahrhundert bereits in heidnischer Zeit als germanische Kultstätte, andere Deutungen sehen in ihr ein Abbild der Grabeskirche in Jerusalem.

Ganz links:
Der Innendurchmesser der Drüggelter Kapelle beträgt gerade einmal elf Meter. Gewölbe und Dach werden von zwei Säulenkränzen getragen. Belegt ist, dass sich hier 1217 Gottfried von Arnsberg mit dreißig Rittern versammelte, bevor sie sich einem Kreuzzug ins Heilige Land anschlossen.

Links:
Die Strahlenkranzmadonna, eine spiegelgleiche, monumentale Doppelfigur, dominiert zusammen mit dem barocken Hochaltar die Innenausstattung der dreischiffigen Hallenkirche St. Pankratius in Körbecke.

Unten:
Pferde auf einer Wiese im Sauerland. Wer die Landschaft auf dem Rücken der Rösser erkunden möchte, findet dafür Möglichkeiten auf den zahlreichen Reiterhöfen. Aber auch per Kutsch- oder Planwagenfahrt lässt sich die Natur auf entspannte Weise erleben.

Ganz unten:
Auch wenn das Sauerland inzwischen eine gut erschlossene Wander- und Urlaubsregion ist, so sind die Touristen auf ihren Streifzügen durch die Landschaft für die erstaunten Rinder stets eine willkommene Abwechslung und werden mit neugierigen Blicken verfolgt.

Rechts:
Der Bismarckturm auf einer Anhöhe in der Nähe der Möhnesee-Gemeinde Delecke hat den „Ruhm“, der letzte in Deutschland eingeweihte Turm zu Ehren des ersten deutschen Reichskanzlers zu sein. Erst 1934 wurde er nach 20-jähriger Bauzeit als Aussichtsturm in Betrieb genommen.

Von Wasser geprägt – Talsperren im Sauerland

Möhnesee, Diemelsee, Hennesee, Biggeund Listersee sowie Sorpesee, so lauten die Namen der fünf größten Talsperren im Sauerland. Das Sauerland ist nicht nur Bergland, sondern auch Wasserland. Möhne, Ruhr, Lenne und zahlreiche weitere kleine Flüsse und Bäche durchziehen die Täler des Mittelgebirges in Südwestfalen. Neben diesen fünf großen Stauseen gibt es noch ein gutes Dutzend weiterer Talsperren, die die Landschaft prägen.
Im Zuge der Industrialisierung wurde schon in früherer Zeit das Wasser der Flüsse aufgestaut, um mit Hilfe der Wasserkraft die Hammerwerke und Schmieden der ansässigen Kleinindustrie zu betreiben. Drahtziehereien, Papiermühlen und Sägewerke, sie alle waren auf die Wasserkraft angewiesen. Mit dem Entstehen von Großbetrieben und dem damit einhergehenden Bevölkerungswachstum im Ruhrgebiet wuchs der Bedarf und die Notwendigkeit, die durch Wasserkraft erzeugte Energie in ausreichender Menge zur Verfügung zu haben und die Menschen mit Trinkwasser zu versorgen.

Energiegewinnung

Bereits um die Wende zum 20. Jahrhundert wurden einige kleinere Talsperren errichtet, so die Enneppe-, Fuelbecke-, Fürwigge- und Haspertalsperre. Der 1899 gegründete Ruhrtalsperrenverein konnte 1913 die Möhnetalsperre in Betrieb nehmen – sie war zu ihrer Zeit die größte in Europa. Der Listersee bei Attendorn stammt von 1912, im Jahr 1924 wurde die Diemeltalsperre fertiggestellt, die Sorpetalsperre bei Sundern 1935 und der Hennesee bei Meschede stammt von 1955. Der Biggesee, 1965 in Betrieb genommen, erweitert die Listertalsperre, die seitdem sozusagen als Vorbecken der Biggetalsperre dient. Bis auf die Diemeltalsperre, die vom Wasser- und Schifffahrtsamt Hann. Münden betrieben wird, um mit dem aufgestauten Wasser den Pegelstand der Oberweser zu regulieren, in die die Diemel mündet, werden die Talsperren vom Ruhrverband in Essen bewirtschaftet und unterhalten. Durch den Betrieb von Turbinen und die Einspeisung in das Netz tragen sie zur Erzeugung von „sauberem Strom" bei.

Westfälisches Meer

Der Möhnesee, mit über zehn Quadratkilometern Wasserfläche die größte Talsperre Europas, wird deshalb auch „Westfälisches Meer" genannt. Er liegt an der Schnittstelle zwischen der Soester Börde und dem Naturschutzgebiet Arnsberger Wald. Seine Staumauer ist 40 Meter hoch und 650 Meter lang und ihre zwei mächtigen Türme geben ihr ein unverwechselbares Aussehen. Im Landesinformationszentrum (LIZ) im Ortsteil Möhnesee-Günne wird auch an die große Katastrophe vom 17. Mai 1943 erinnert: die Zerstörung der Staumauer des Möhnesees durch den Einsatz von eigens für diesen Zweck entwickelten Rollbomben, die von der englischen Luftwaffe abgeworfen wurden. Bei der Hochwasserkatastrophe kamen über 1600 Menschen ums Leben, darunter auch 700 Zwangsarbeiter und Kriegsgefangene, die in einem Arbeitslager an der Ruhr interniert waren.
Heute sind die Seen beliebte Naherholungsgebiete und Touristenzentren. Alle Arten von Wassersport sind möglich: Schwimmen, Surfen, Tauchen, Paddeln, Rudern und Segeln. Bootsverleih und Angeln und zahlreiche Freizeitmöglichkeiten um die Seen herum, wie Wandern oder Radfahren, machen die Talsperren zu beliebten Anziehungspunkten. Zahlreiche Strandbäder und Campingplätze komplettieren die Infrastruktur.
Auf den Talsperren ist der Betrieb von motorisierten Booten untersagt, mit Ausnahme der Personenschifffahrt, die im Linienverkehr Ausflugsfahrten über die Seen anbietet – auf dem Möhnesee sogar mit einer europaweit einmaligen Attraktion, einem Andockmanöver zweier Schiffe während der Fahrt. Bei den kleineren Seen, die zumeist gänzlich in Landschaftsbeziehungsweise Wasserschutzgebiete eingebunden sind, da sie als Trinkwasserreservoire dienen, ist hingegen jegliche Art der Nutzung untersagt. Aber die Wälder und zahlreiche alternative Angebote machen auch diese Seen zu beliebten Erholungsgebieten. Auf den Wanderwegen rund um die Seen lässt sich die waldreiche Landschaft des Sauerlandes genießen und erleben. Gerade das Zusammenspiel von bergiger Landschaft, dichten Wäldern, malerischen Seen und kleinen Orten macht ja den Charakter des Sauerlandes aus.

Links:
Bei einem Bombenangriff am 17. Mai 1943 wurde die Staumauer der Möhnetalsperre stark beschädigt. Durch die Flutwelle kamen über 1600 Menschen ums Leben.

Oben:
Die Haspertalsperre wurde 1901 bis 1904 nach Plänen des Wasserbauingenieurs Professor Otto Intze gebaut. Nach seinem Bauprinzip einer zur Wasserseite gewölbten Bruchsteinmauer wurden zahlreiche Talsperren konstruiert. Im Sauerland auch die Möhne-, Fuelbecke-, Fürwigge- und Hennetalsperren sowie die Staudämme der Jubach- und Oestertalsperren.

Kleine Bilder rechts, von oben nach unten: *Von der 90 Meter hohen Aussichtsplattform „Biggeblick" bei Attendorn bietet sich eine atemberaubende Aussicht über den Biggesee. Die Plattform auf einem Bergsporn des Dünneckenbergs zwischen Staudamm und Waldenburger Bucht ist seit 2013 zugänglich.*

Zwischen Attendorn im Norden und der Kreisstadt Olpe im Süden erstreckt sich der Biggesee. Das Stauvolumen beträgt zusammen mit der angeschlossenen Listertalsperre 171,7 Millionen Kubikmeter. Im Biggesee liegt auch die 34 Hektar große Gilberginsel, ein Naturschutzgebiet.

Mit einer Million Kubikmeter Speicherraum und einer Wasseroberfläche von 11,7 Hektar gehört die Jubachtalsperre bei Kierspe im Märkischen Kreis zu den kleineren Talsperren im Sauerland. Vom 2,7 Kilometer langen Rundweg um den See bieten sich immer wieder herrliche Ausblicke.

Die Staumauer der Diemeltalsperre wurde auch nach dem sogenannten Intze-Prinzip als gekrümmte Bruchsteinmauer konstruiert. Sie misst 194 Meter in der Länge und weist an ihrer Krone eine Breite von sieben Metern auf.

Unten:
Für Segler ist der Möhnesee ein ideales Revier. Fast ein Dutzend Segelclubs und Yachthäfen liegen an seinem Ufer. Der Hafen des Yachtclubs Sauerland Möhnesee e.V. liegt im östlichen Teil des Sees am Wameler Becken, einem vom restlichen Teil des Sees durch eine Staustufe abgetrennten Bereich.

Links:
Ab dem frühen Abend herrscht Flaute auf dem Möhnesee, dann lässt sich das Gewässer vom Ufer aus an stimmungsvollen Winkeln und romantischen Buchten genießen und der nächste Segeltörn planen.

Seite 92/93:
Die Listertalsperre wurde zwischen 1909 und 1912 gebaut. Der Stausee im Naturpark Ebbegebirge liegt zwischen den Städten Attendorn, Drolshagen und Meinerzhagen und ist seit 1965 ein Seitenarm der Biggetalsperre.

Unten:
Von der Aussichtsplattform des Eugen-Richter-Turmes an der Volkssternwarte Hagen oberhalb des Stadtteils Wehringhausen hat man einen schönen Blick über den Stadtwald von Hagen hinein ins angrenzende Sauerland.

Ganz unten:
Nach 129 Kilometern mündet die Lenne, die auf dem Kahlen Asten bei Winterberg entspringt, unterhalb der Hohensyburg am Hengsteysee in die Ruhr. Der Fluss hat die frühindustrielle Entwicklung des Märkischen Sauerlandes nachhaltig geprägt.

Rechts:
Aussicht vom Eugen-Richter-Turm auf die Innenstadt von Hagen. Die Großstadt im südöstlichen Ruhrgebiet wird auch als „Tor zum Sauerland" bezeichnet, das unmittelbar hinter der Stadtgrenze beginnt.

Links:
Im Freilichtmuseum Hagen im malerischen Mäckingerbachtal wird die Handwerks- und Technikgeschichte des 18. und 19. Jahrhunderts in Südwestfalen präsentiert. Hier ein Blick auf einen sogenannten Sensenhammer, der zur Herstellung von Sensen, Sicheln und schweren Messern diente. Im Vordergrund ist Holz für einen Kohlenmeiler aufgeschichtet.

Unten:
Das LWL-Freilichtmuseum Hagen – Westfälisches Landesmuseum für Handwerk und Technik ist von Anfang April bis Ende Oktober geöffnet. Das Bild zeigt einen rekonstruierten „Dorfplatz" mit Brauerei, Brennerei, Bürgermeisteramt und Brückenwaage.

Oben:
Auf dem circa 42 Hektar großen Gelände des Freilichtmuseums wurden an die 60 Gebäude und Werkstätten wiederaufgebaut, in denen zum Teil auch die alten Herstellungstechniken vorgeführt werden. Abgebildet ist die geschmückte Fassade einer alten Tabakfabrik.

Längs der Lenne – im märkischen Sauerland

Oberhalb der Lenne, auf einem Bergsporn gelegen, thront die Burg Altena über der gleichnamigen Stadt im Märkischen Kreis. Der Legende nach ist sie bereits Anfang des 12. Jahrhunderts errichtet worden. Die stimmungsvolle abendliche Illumination zeigt einmal mehr, dass sie zu Recht zu den schönsten Höhenburgen Deutschlands gerechnet wird.

So wie die Ruhr für die Entwicklung einer ganzen Region ausschlaggebend war und die wirtschaftliche Entwicklung des Ruhrgebietes hin zu einem industriellen Ballungsraum beförderte, so nachhaltig prägte der Fluss Lenne vornehmlich das märkische Sauerland. Ihre Quelle liegt ebenfalls wie die der Ruhr am Kahlen Asten im Hochsauerland bei Winterberg.
Schmallenberg, Lennestadt, Finnentrop, Plettenberg, Altena und Iserlohn sind die Städte an ihrem Ufer, entlang der 129 Kilometer bis zur Mündung in die Ruhr bei Hohensyburg. Sie entwickelten sich in vorindustrieller Zeit zu Zentren der Kleineisenindustrie. Ebenso wie ihre zahlreichen Nebenflüsse, unter anderem die Bigge, Sorpe und Verse, aber auch die Flüsse Lister und Volme trug die Lenne entscheidend zur wirtschaftlichen Entwicklung der Region bei. An den Flussufern siedelten sich Schmiedehämmer, Kettenschmieden, Blechwalzwerke, Drahtziehereien, Gießereien, Eisenhütten und andere kleine Fabriken an. Zahlreiche Technikmuseen zwischen Olpe und Iserlohn dokumentieren in den teilweise noch original erhaltenen Betrieben und Bauwerken diese Entwicklung. Im Hagener Mäckingerbachtal werden im Westfälischen Freilichtmuseum für Handwerk und Technik in 60 Gebäuden und historischen Werkstätten die verschiedenen Techniken und Handwerksbetriebe präsentiert. Hier lässt sich die Industriegeschichte der vergangenen zwei Jahrhunderte in Südwestfalen nachvollziehen.
Der Wasserreichtum des Sauerlandes war auch verantwortlich für den Bau zahlreicher Talsperren und Stauseen. Die Bigge- und Listertalsperre im Kreis Olpe ist vom Stauvolumen die größte im Sauerland und die fünftgrößte in Deutschland sowie ein beliebtes Naherholungsgebiet.

Rechte Seite:
Der 1908/1909 errichtete Danzturm auf dem Fröndenberg erhielt seinen Namen nach dem Iserlohner Ehrenbürger Professor Ernst Danz, der sich unter anderem um die Aufforstung des Iserlohner Stadtwaldes verdient gemacht hatte und zu den Gründungsmitgliedern des Sauerländischen Gebirgsvereins gehörte.

Unten:
Blick über Iserlohn vom 28 Meter hohen Danzturm, dem Wahrzeichen der mit rund 95 000 Einwohnern größten Stadt des Sauerlandes. Das älteste Gebäude der Stadt ist die Kirche St. Pankratius, deren Bau auf die Zeit der Christianisierung des Sauerlandes um 985 zurückgeht.

Links:
Die historische Fabrikanlage Maste-Barendorf in Iserlohn besteht aus zehn Gebäuden, die im 19. Jahrhundert am Baarbach nördlich von Iserlohn gebaut wurden. Ausgehend von einem Messingwalzwerk wurde die Fabrik unter anderem um ein Gießhaus, eine Lötschmiede, ein Schleifgebäude und ein Pochwerk erweitert.

Unten:
Unmittelbar an der Dechenhöhle befindet sich das Deutsche Höhlenmuseum Iserlohn in einem ehemaligen Bahnhofsgebäude an der Bahnstrecke Letmathe – Fröndenberg. Zu den Prunkstücken der Ausstellung zählen ein Höhlenbärenbaby-Skelett und der Schädel eines Waldnashorns.

Oben:
Das Ensemble der historischen Fabrikanlage Maste-Barendorf mit seinen Fachwerkhäusern, Museen und Künstlerateliers bietet die stimmungsvolle Kulisse für den jährlichen Weihnachtsmarkt, ein Kunst- und Handwerkermarkt mit ganz besonderer Atmosphäre.

Unten:
Das Iserlohner Museum für Handwerk und Postgeschichte befindet sich in einem ehemaligen Fabrikhaus in der Iserlohner Altstadt und zeigt unter anderem die Entwicklung des märkischen Handwerks. Die Skulptur vor dem Museumseingang besteht aus drei Gliedern einer Ankerkette, hergestellt von den Thiele-Werken Iserlohn, und steht für die Kettenschmiedetradition „vom Kettenhemd zur Ankerkette" in der Stadt.

Rechts:
In einem Barockgebäude neben der St.-Pankratius-Kirche (Bauernkirche) befindet sich das Iserlohner Stadtmuseum. Schwerpunkte sind neben der Stadtgeschichte die Entwicklung des Handwerks und der Messingindustrie sowie des Galmei-Bergbaues, ein Zinkerz, das für die Messingherstellung benötigt wird.

Unten:
Seit 1975 ist Lüdenscheid Kreisstadt des Märkischen Kreises. 1067 wird der Ort erstmals urkundlich belegt, die Siedlungsgeschichte reicht aber wohl ins 9. Jahrhundert zurück, als sächsische Siedlung am Heerweg von Köln nach Soest.

Ganz unten:
Am Grundriss der Lüdenscheider Altstadt mit ihren ringförmig um die Erlöserkirche angelegten Straßen lässt sich noch gut der mittelalterliche Ursprung erkennen. Im 13. Jahrhundert entwickelte sich der Ort zur Stadt.

Rechts:
Nach einem großen Stadtbrand 1723 erfolgte der Wiederaufbau der Lüdenscheider Altstadt auf dem mittelalterlichen Grundriss. Die typischen traufständigen Bürgerhäuser mit ihren Dachgauben stammen aus dieser Zeit.

Herzogstraße
Leopoldgasse

Unten:
Das Wasserschloss Neuenhof liegt im Süden Lüdenscheids im Elspetal und geht auf eine Burganlage aus dem Anfang des 14. Jahrhunderts zurück. Es ist Stammsitz des Adelsgeschlechtes von Neuhoff. Ein Spross der Familie, Theodor von Neuhoff, war in der Mitte des 18. Jahrhunderts erster und einziger frei gewählter König von Korsika.

Seite 110/111:
Die kleine Jubachtalsperre bei Kierspe wurde 1904 bis 1906 errichtet. Sie dient ausschließlich der Trinkwasserversorgung. Ein Wanderweg um den ruhig gelegenen See bietet jedoch immer wieder herrliche Ausblicke.

Rechte Seite:
Das romantische Wasserschlösschen Badinghagen liegt südlich von Meinerzhagen dicht an der Grenze zum Bergischen Land und ist nur zu Fuß zu erreichen. Bereits 1160 wird der Rittersitz erstmals als Lehnsgut erwähnt.

Linke Seite:
In der alten Hansestadt Attendorn im Kreis Olpe hat sich eine besondere Form des Osterbrauchtums herausgebildet: Die sogenannte Semmelsegnung am Karsamstag und die vier Osterfeuer rund um die Stadt am Ostersonntag mit ihren mächtigen Kreuzen und mit dem traditionellen Fackelschwenken.

Nach den Osterfeuern auf den vier „Osterköppe“ genannten Erhebungen um die Stadt, folgen sternförmige Prozessionen in die Innenstadt von Attendorn zur Osterandacht in der Pfarrkirche St. Johannes Baptist.

Das Schützenwesen hat im Sauerland eine lange Tradition; es geht auf die mittelalterlichen Schützengilden als Bürgerwehren zurück. Fast in jedem Ort gibt es ein Schützenfest, im Sauerländer Schützenbund sind fast 350 örtliche Vereine organisiert.

Seite 114/115:
„Alhambragrotte“, „Wasserfall“ oder „Blaue Grotte“ – so lauten die Namen der über Jahrmillionen entstandenen Naturwunder aus Kalkstein. Die Stalagmiten und Stalaktiten kann man bei einem Besuch in der Attahöhle in Attendorn besichtigen.

Unten:
Der Finnentroper Ortsteil Schliprüthen mit seinen typischen Fachwerkbauten liegt in einem Seitental der Salwey im Naturpark Rothaargebirge. Die umgebenden Berge haben eine Höhe von knapp 600 Metern.

Ganz unten:
Oberveischede, Ortsteil der Kreisstadt Olpe an der Grenze zu Attendorn und Lennestadt, ist umgeben von Buchen- und Bruchwäldern.

Rechts:
Der Aussichtsturm auf der Hohen Bracht, dem 587,9 Meter hohen Berg im Bilsteiner Land, gilt als Wahrzeichen des Kreises Olpe. Von hier aus bietet sich ein schöner Blick auf Altenhundem und die Saalhauser Berge.

Links:
Drolshagen wurde 1214 erstmals urkundlich erwähnt. Zur Stadt an der Grenze zum Märkischen und Oberbergischen Kreis gehören 58 Ortschaften. Der Bau der St.-Clemens-Kirche geht auf das 10. oder 11. Jahrhundert zurück.

Unten:
Die spätromanische Hallenkirche St. Georg in Finnentrop-Schliprüthen steht unter Denkmalschutz. Die Innenausstattung stammt aus dem 17. und 18. Jahrhundert.

Ganz unten:
Vom ehemaligen Zisterzienserinnenkloster in Drolshagen ist nur noch der Hauptflügel erhalten. Die Gründung des Klosters erfolgte im 13. Jahrhundert, 1803 wurde es säkularisiert.

ERBAUET AUF KOSTEN DURCH FRIDERICH ASMAN UND MARIAELISABET BUSELEUTE · DER ZIMMERMEISTER KASPER DECKESBACH VON OBERKI
DA WIER ABER SOLLEN EHWIG SEIN DA BAVEN WIER GAR WENIG EIN

Linke Seite:
Die unter Denkmalschutz stehenden Fachwerkhäuser in Kirchveischede, einem Ortsteil von Lennestadt, am Flüsschen Veischede gelegen, stammen aus der Zeit um 1790 und wurden nach einem Brand errichtet. Das abgebildete Haus Epe liegt direkt neben der Pfarrkirche St. Servatius, deren Entstehung ins 13. Jahrhundert zurückreicht.

Oben:
Eindrucksvoll thront die Höhenburg Bilstein, die Anfang des 13. Jahrhunderts erbaut wurde, über dem mittelalterlichen Ortskern des gleichnamigen Stadtteils von Lennestadt. Seit 1927 dient die Burg als Jugendherberge.

Wehranlage oder edler Landsitz – Burgenvielfalt

Burgen und Schlösser kommen einem nicht zuerst in den Sinn, wenn man an das Sauerland denkt. Jedoch finden sich zahlreiche Burganlagen, Schlösser und Herrensitze, teils als Hochburgen an exponierten Lagen auf Berghöhen und -vorsprüngen, teils als edle Landsitze oder Wasserschlösser, umgeben von Gräften oder prächtigen Parkanlagen, in den Tälern des Sauerlandes.

Die Burganlagen, zumeist aus einer frühmittelalterlichen Fluchtburg oder Wehranlage mit Bergfried, einem Wohn- und Wehrturm, hervorgegangen, wurden in späterer Zeit oft zu repräsentativen Schlössern umgebaut und erweitert. Sie bestanden in der Regel aus einer Hauptburg mit dem herrschaftlichen Wohnhaus und einer sogenannten Vorburg, in der sich die Wirtschaftsgebäude und Gesindeunterkünfte befanden: So ist zum Beispiel die Burg Altena oberhalb der gleichnamigen märkischen Stadt an der Lenne aufgebaut. Die Burganlage aus dem frühen 12. Jahrhundert gilt als eine der schönsten Hochburgen in ganz Deutschland. Sie beherrscht auf dem nördlichsten Ausläufer des Klusenberges die gesamte Stadt. Ursprünglich wurde sie als Schutzburg für den Bergbau und die Eisenverarbeitung in den umliegenden Tälern errichtet. Die Burg Altena ist auch die Keimzelle des Jugendherbergswesens. Bereits 1912 wurde hier die erste ständige Jugendherberge der Welt eingerichtet und heute noch bietet der Deutsche Jugendherbergsverband einen Teil der Burg für Übernachtungszwecke an.

Schlossruine Arnsberg

Die Schlossruine von Arnsberg geht ebenfalls auf Burganlagen aus dem frühen Mittelalter zurück. Zwischen 1730 und 1743 wurden die Festungswerke abgerissen und ein Neubau als Residenz- und Jagdschloss für den Kölner Kurfürsten errichtet. Kein Geringerer als der bekannte Barockbaumeister Johann Conrad Schlaun (1695–1773) war für die Neugestaltung des Schlosses verantwortlich: eine Anlage mit Haupttrakt (mit großem Fest- und Prunksaal), zwei Seitenflügeln, flankiert von zwei Türmen. Jedoch wurde das Schloss in den Auseinandersetzungen des Siebenjährigen Krieges bereits 1762 durch den Beschuss preußischer Truppen wieder zerstört.

Schloss Canstein bei Marsberg im Hochsauerlandkreis wurde auf den Resten einer keltischen Fluchtburg errichtet und liegt auf einem steilen Kalkfelsen. Die ehemalige Burg wurde später zu einer Schlossanlage umgebaut und teilt sich auf in ein „Unteres Schloss", die ehemalige Vorburg, und ein „Oberes Schloss" mit dem Herrenhaus.

Die Burg Schnellenberg, hoch über Attendorn im Herzen des Sauerlandes gelegen, wurde 1225 erstmals urkundlich erwähnt und beherbergt heute ein Hotel und Restaurant. Die Renaissance-Kapelle des Caspar von Fürstenberg aus dem Jahre 1600 ist ebenso original erhalten geblieben wie der Rittersaal und die Gerichtslaube.

Aber auch weniger bekannte Herrensitze sind lohnenswerte Ausflugsziele und erzählen viel über das Leben und die sozialen und wirtschaftlichen Verhältnisse vergangener Zeiten, um nicht wenige von ihnen rankt sich ein bunter Sagenkranz.

Deutschordenskommende Mülheim

Etwas aus dem Rahmen, da nicht profanen Zwecken dienend, fällt die Kommende Mülheim. Das Hauptgebäude der Kommende stammt aus dem Jahr 1682. Seit 1266 war Mülheim/Möhne Sitz des Deutschritterordens. Dieser hatte sich nach den Kreuzzügen ins Heilige Land der Christianisierung des Baltikums verschrieben und prägte bis zu seiner Auflösung durch Napoleon im Jahr 1809 die Region nachhaltig. Unter anderem geht der heute ebenso wie Mülheim zu Warstein gehörende Ortsteil Sichtigvor auf eine Gründung aus dem Jahr 1656 als Wohnsiedlung für die Bediensteten der Kommende zurück.

Viele der erhaltenen Burgen und Schlösser im Sauerland befinden sich in Privatbesitz und werden von den Eigentümern bewohnt, andere werden als Hotel, Museum oder Verwaltungs- und Firmensitz genutzt, dienen nicht selten als Filmkulisse – oder, und das ist sicher ein Kuriosum, sind wie Schloss Wocklum bei Balve Austragungsort der Deutschen Meisterschaften im Spring- und Dressurreiten.

Links: *Die ursprüngliche Arnsberger Burg wurde seit 1739 durch den Barockbaumeister Johann Conrad Schlaun zu einem repräsentativen Schloss für den Kurfürsten ausgebaut. Nach der Zerstörung im Siebenjährigen Krieg 1762 ist es nicht wieder aufgebaut worden.*

Oben: *Vor den Toren Attendorns liegt oberhalb der Bigge die größte Burganlage Südwestfalens: Burg Schnellenberg aus der Zeit um 1220. Seit mehr als 400 Jahren ist sie im Besitz der Freiherren von Fürstenberg-Herdringen und beherbergt heute ein luxuriöses Vier-Sterne-Hotel.*

Kleine Bilder rechts, von oben nach unten: Die 1912 auf Burg Altena eingerichtete weltweit erste Jugendherberge ist hier als Museum noch im Originalzustand erhalten. Seit 2014 erleichtert ein „Erlebnisaufzug" den Zugang zur 80 Meter über der Innenstadt gelegenen Burg.

Die Geschichte des Ortes Canstein, ein Stadtteil von Marsberg, und die des auf das 11. Jahrhundert zurückgehenden Schlosses Canstein sind eng miteinander verbunden. Über Jahrhunderte gehörten die Einwohner zur Herrschaft der Gutsherren und unterstanden deren Gerichtsbarkeit.

Das Deutschordensschloss Mülheim liegt im Warsteiner Ortsteil an der Möhne. 1266 siedelte sich der Orden hier an, die Niederlassung wurde bald zu einem Konvent erhoben. Das Hauptgebäude wurde nach einem Brand 1593 wieder aufgebaut.

Schloss Wocklum liegt im Orletal, etwa zwei Kilometer nordwestlich der Stadt Balve. Das barocke Wasserschloss kann im Rahmen exklusiver Dinnerveranstaltungen besichtigt werden.

Seite 124/125:
Die zur Kreisstadt Olpe gehörende Ortschaft Oberveischede liegt inmitten der sogenannten „Sauerländer Rothaarvorhöhen", der wasser- und waldreichen Mittelgebirgslandschaft, in 383 Meter Höhe.

Unten:
Der 20 Kilometer lange Biggesee mit seinen zahlreichen Seitenarmen ist ein ideales Segelrevier. Verträumte kleine Buchten laden zum Ankern und Baden ein.

Rechts:
Mit 876 Hektar Wasseroberfläche und einem Stauvolumen von 171,7 Millionen Kubikmetern ist der Biggesee im Kreis Olpe die größte Talsperre im Sauerland und hat sich zu einem regelrechten Tourismusmagneten entwickelt. Trotzdem finden sich rund um den See immer noch romantische und einsame Stellen zum Erholen.

Oben:
Die Fahrt über die Biggetalsperre mit einem der beiden Ausflugsschiffe ist ein besonderes Erlebnis. Im Linienverkehr werden fünf Anlegestellen, unter anderem am Biggedamm bei Attendorn und der Ort Sondern, angesteuert. Der Seebahnhof der Biggetalbahn in Sondern bietet eine direkte Umstiegsmöglichkeit vom Zug auf die Personenschifffahrt.

Seite 128/129:
Hoch über dem Lennetal thront die Burg Altena, die als eine der schönsten Höhenburgen Deutschlands gilt. Im Sommer kann bei Mittelalterfesten und Thementagen das Leben auf einer Burg nachempfunden werden, zum Beispiel werden alte Handwerkskünste präsentiert oder höfische Tänze aufgeführt.

In den 1970er-Jahren wurde die Burg Holtzbrinck von der Stadt Altena zu einer Begegnungsstätte umgebaut. In dieser „Bürgerburg“ im Stadtzentrum finden Kulturveranstaltungen statt, darüber hinaus steht sie örtlichen Vereinen und Initiativen als Versammlungsort zur Verfügung.

Am Fuße der Altenaer Burg lassen sich die gewonnenen Eindrücke in einem Straßencafé verarbeiten und bei einem der regionalen Biere Pläne für neue Besichtigungen schmieden.

Linke Seite:
Burg Holtzbrinck ist das älteste Bürgerhaus in Altena. 1643 erstmals erwähnt wurde es aber wohl schon im 16. Jahrhundert erbaut. Es war Wohnsitz des Rentmeisters Georg Holtzbrinck. Seinen heutigen, burgähnlichen Zustand erhielt das Gebäude zwischen 1673 und 1689.

Ganz oben:
Die Brenscheider Ölmühle stammt von 1845 und steht seit 1982 unter Denkmalschutz. Das Bauwerk aus Bruchsteinmauerwerk liegt im Nahmertal südlich von Hagen-Hohenlimburg auf dem Gebiet der Gemeinde Nachrodt-Wiblingwerde und diente der Gewinnung von Rapsöl. Zusammen mit der benachbarten Kornmühle bildet sie ein besonderes Denkmalensemble, mit dem sich die frühe Nutzung der Wasserkraft dokumentieren lässt.

Oben:
Bei der Brenscheider Kornmühle handelte es sich ursprünglich um eine sogenannte Bannmühle, das heißt eine Mühle, für die Mühlenzwang bestand. Sie wurde 1593 erstmals erwähnt und besteht aus dem Mühlengebäude und einem kleinen Backhaus. Nach ihrer Restaurierung ist sie wieder voll funktionstüchtig und in den Sommermonaten finden Backvorführungen mit Brotverkauf statt.

Die Gemeinde Nachrodt-Wiblingwerde liegt im Märkischen Sauerland an der Grenze zu Hagen und wurde 1907 durch den Zusammenschluss der Gemeinden Kelleramt und Wiblingwerde gebildet. Während Wiblingwerde auf einem Höhenzug des Lennegebirges liegt und als „höchstes Kirchdorf im Märkischen Kreis" gilt, befinden sich Nachrodter Ortsteile im Lennetal zwischen Altena und Iserlohn-Letmathe.

Register

LÜNEN
CASTROP-RAUXEL
DORTMUND
Ruhr
WITTEN
SCHWERTE
Iserlohner-heide
ISERLOHN
HAGEN
Lenne
Dechen-höhle
Nachrodt-Wiblingwerde
GEVELS-BERG
Altena
Schalksmühle
Schloss Oedenthal
Schloss Neuenhof
Halver
Ober-brügge
Verse-talsperre
Kerspe-talsperre
Wipper-fürth
Kierspe
Meinerzhagen
Wasserburg
GUMMERSBACH
NORDRHEIN-

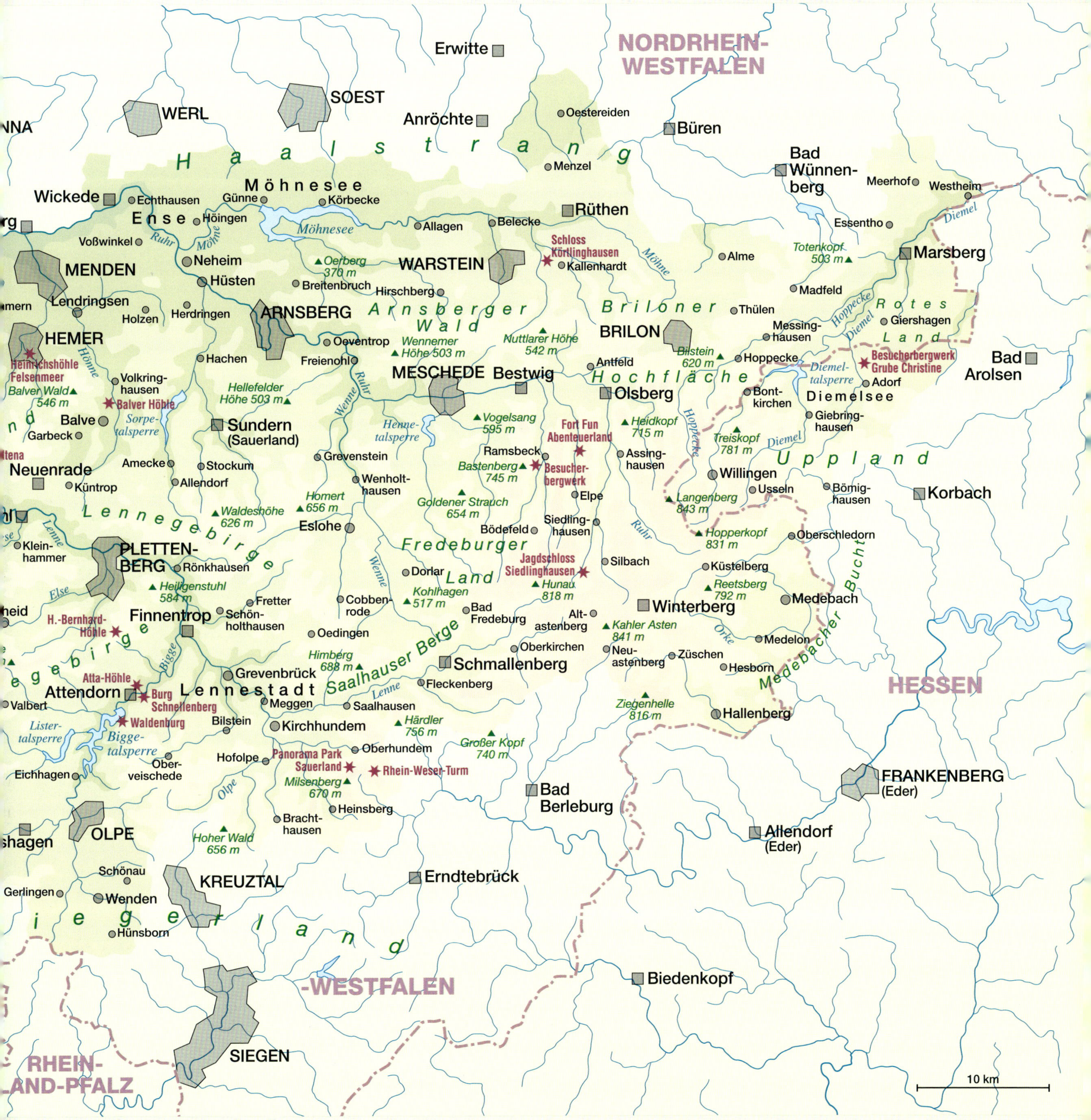
NORDRHEIN-WESTFALEN
Erwitte
SOEST
WERL
Anröchte
Oestereiden
Büren
Haarstrang
Menzel
Bad Wünnenberg
Meerhof
Westheim
Wickede
Echthausen
Günne
Möhnesee
Körbecke
Ense
Höingen
Möhnesee
Allagen
Belecke
Rüthen
Essentho
Diemel
Voßwinkel
Ruhr
Möhne
Schloss Körtlinghausen
Kallenhardt
Möhne
Alme
Totenkopf 503 m
Marsberg
MENDEN
Neheim
Oerberg 370 m
WARSTEIN
Hüsten
Breitenbruch
Hirschberg
Madfeld
Lendringsen
Holzen
Herdringen
ARNSBERG
Arnsberger Wald
Briloner
Thülen
Hoppecke
Rotes Land
Giershagen
HEMER
Oeventrop
Wennemer Höhe 503 m
Nuttlarer Höhe 542 m
BRILON
Messinghausen
Diemel
Bad Arolsen
Heinrichshöhle
Felsenmeer
Hönne
Hachen
Freienohl
Bilstein 620 m
Antfeld
Hoppecke
Besucherbergwerk Grube Christine
Volkringhausen
MESCHEDE
Bestwig
Hochfläche
Diemeltalsperre
Adorf
Balver Wald 546 m
Hellefelder Höhe 503 m
Ruhr
Olsberg
Bontkirchen
Diemelsee
Balver Höhle
Wenne
Vogelsang 595 m
Fort Fun Abenteuerland
Heidkopf 715 m
Balve
Sorpetalsperre
Sundern (Sauerland)
Hennetalsperre
Giebringhausen
Garbeck
Treiskopf 781 m
Diemel
Ramsbeck
Hoppecke
Uppland
Neuenrade
Amecke
Stockum
Grevenstein
Assinghausen
Bastenberg 745 m
Besucherbergwerk
Willingen
Küntrop
Allendorf
Wenholthausen
Usseln
Bömighausen
Korbach
Homert 656 m
Elpe
Langenberg 843 m
Goldener Strauch 654 m
Lennegebirge
Waldeshöhe 626 m
Eslohe
Siedlinghausen
Lenne
Bödefeld
Ruhr
Hopperkopf 831 m
Oberschledorn
Kleinhammer
PLETTENBERG
Fredeburger Land
Jagdschloss Siedlinghausen
Silbach
Küstelberg
Rönkhausen
Wenne
Dorlar
Hunau 818 m
Reetsberg 792 m
Else
Heiligenstuhl 584 m
Fretter
Cobbenrode
Kohlhagen 517 m
Medebach
Bad Fredeburg
Winterberg
H.-Bernhard-Höhle
Finnentrop
Schönholthausen
Altastenberg
Kahler Asten 841 m
Oedingen
Orke
Medelon
Medebacher Bucht
Bigge
Himberg 688 m
Saalhauser Berge
Oberkirchen
Neuastenberg
Züschen
Atta-Höhle
Grevenbrück
Schmallenberg
Hesborn
Attendorn
Burg Schnellenberg
Lennestadt
Lenne
Fleckenberg
HESSEN
Valbert
Meggen
Saalhausen
Ziegenhelle 816 m
Hallenberg
Listertalsperre
Waldenburg
Bilstein
Kirchhundem
Härdler 756 m
Biggetalsperre
Oberhundem
Großer Kopf 740 m
Hofolpe
Panorama Park Sauerland
Oberveischede
Rhein-Weser-Turm
Eichhagen
Milsenberg 670 m
FRANKENBERG (Eder)
Olpe
Bad Berleburg
Heinsberg
Brachthausen
OLPE
Allendorf (Eder)
Hoher Wald 656 m
Schönau
KREUZTAL
Erndtebrück
Gerlingen
Wenden
Siegerland
Hünsborn
-WESTFALEN
Biedenkopf
SIEGEN
RHEIN-LAND-PFALZ
10 km

Segelclubs und Yachthäfen säumen die Ufer des Möhnesees. Das „Westfälische Meer“ mit circa zehn Kilometern Länge und 1,5 Kilometern Breite wird durch den Vordamm in Stockum sowie zwei Brücken in vier nahezu gleich große Reviere aufgeteilt, in denen gesegelt werden kann.

Impressum

Buchgestaltung
Matthias Kneusslin
www.hoyerdesign.de

Karte
Fischer Kartografie, Aichach

Printed in Italy
Repro: Artilitho snc, Lavis-Trento, Italien, www.artilitho.com
Druck und Verarbeitung:
Grafiche Stella srl, Verona, Italien, www.grafichestella.it

ISBN 978-3-8003-4233-4

Bildnachweis
Stefan Ziese – Bildagentur www.blickwinkel.de
Umschlag vorne, Umschlag hinten, S. 5, S. 8/9, S. 12–23 (6 Abb.), S. 26–29 (3 Abb.), S. 32–40 (11 Abb.), S. 42–47 (10 Abb.), S. 49 rechts oben; S. 50–54 (9 Abb.), S. 56–64 (10 Abb.), S. 66-74 (13 Abb.), S. 81 oben, S. 82–85 (8 Abb.), S. 87, S. 88/89 Mitte; S. 89 rechts (4 Abb.), S. 90, S. 91, S. 94–121 (32 Abb.), S. 126–136 (10 Abb.).

Hans Blossey – Bildagentur www.blickwinkel.de
S. 6/7, S. 10/11, S. 24/25, S. 30/31, S. 41, S. 55, S. 65, S. 75, S. 78/79, S. 80, S. 124/125.

Sonstige
S. 48 unten: Arnoldiusn/Wikimedia Commons, Lizenz CC-BY-SA 3.0; S. 48/49 Mitte: Dr.G.Schmitz/Wikimedia Commons, Lizenz CC-BY-SA 3.0; S. 49 rechts, 2. Bild von oben: Michael Pereckas/Wikimedia Commons, Lizenz CC-BY-SA 2.0; S. 49 rechts, 3. Bild von oben: Frank Vincentz/Wikimedia Commons, Lizenz CC-BY-SA 3.0; S. 49 rechts unten: Frank Vincentz/Wikimedia Commons, Lizenz CC-BY-SA 3.0; S. 76 unten: www.warsteiner.de; S. 76/77 Mitte: S. 76/77 oben (Getränkeabbildungen): jeweilige Brauerei; S. 77 oben: www.veltins.de; S. 77 rechts Mitte: www.veltins.de; S. 77 unten links: www.veltins.de; S. 77 unten rechts: www.warsteiner.de; S. 81 unten: Dieter Schütz/pixelio.de; S. 86 oben: siepmannH/pixelio.de; S. 86 unten: fritz zühlke/pixelio.de; S. 88 unten: Flying Officer Jerry Fray RAF; S. 92/93: Rosel Eckstein/pixelio.de; S. 122 unten: ABF/Wikimedia Commons, Lizenz CC-BY-SA 3.0; S. 122/123 Mitte: Petra Klawikowski/Wikimedia Commons, Lizenz CC-BY-SA 3.0; S. 123 rechts oben: Dr.G.Schmitz/Wikimedia Commons, Lizenz CC-BY-SA 3.0; S. 123 rechts, 2. Bild von oben: Michael Kramer/Wikimedia Commons, Lizenz CC-BY-SA 3.0; S. 123 rechts, 3. Bild von oben: Magnus Gertkemper/ Wikimedia Commons, Lizenz CC-BY-SA 3.0; S. 123 rechts unten: Asio otus/Wikimedia Commons, Lizenz CC-BY-SA 3.0.